Das geheimnisvolle Leben getarnter Tiere

CIP-Kurztitelaufnahme der Deutschen Bibliothek
Cuisin, Michel:
Das geheimnisvolle Leben getarnter Tiere
Text: Michel Cuisin. Zeichn.: Éric Alibert
Dt. Bearb.: K. Ruge [Übers.: H. Schöck].
– Esslingen: Schreiber; Wien: Österreichischer Bundesverlag.
Einheitssacht.: La vie secrète des bêtes
des animaux invisibles < dt.>
ISBN 3-215-07756-6

NE: Alibert, Éric; Ruge, Klaus [Bearb.]

Autor und Titel der französischen Ausgabe:
Michel Cuisin, La vie secrète des animaux invisibles
Übersetzung: Horst Schöck
Umschlagentwurf: Creativ + Druck GmbH (Ulrich Kolb)

Satz: Horst Schöck, Stuttgart

Das geheimnisvolle Leben getarnter Tiere

Text: Michel Cuisin
Deutsche Bearbeitung: Klaus Ruge
Zeichnungen: Éric Alibert

Esslinger im ÖBV

Der Ziegenmelker

Es gibt eine ganze Reihe Tiere, die sich dem menschlichen Auge bei flüchtigem Hinsehen verschließen. Manche gleichen auf den ersten Blick Blättern und Zweigen. Andere verbergen sich als Parasiten im Körper von Wirtstieren. Die dritte Gruppe imitiert das Aussehen anderer Tiere, um sich vor natürlichen Feinden zu schützen. Eine weitere Gruppe lebt verborgen in dunklen Höhlen, andere hat die Natur mit einem durchsichtigen Körper ausgestattet. Zahlreiche Fische, Insekten, Weichtiere, Vögel, Säugetiere und Krebstiere sind auf diese Weise hervorragend getarnt.
Sehen wir einmal dieses Baumrindenstückchen auf dem mit Blättern übersäten Waldboden näher an. Bevor man seinen Fuß darauf setzen kann, macht sich die vermeintliche Rinde aus dem Staub. Es handelt sich um einen Ziegenmelker, der dem Störenfried schnell entwischt. Dieser Vogel bewohnt vornehmlich lichte Wälder, Waldränder und offenes Gelände mit Bäumen. Sein Gefieder tarnt den scheuen Vogel hervorragend. Tagsüber verharrt der Ziegenmelker regungslos direkt auf dem Boden oder auf Ästen. Seine Augen sind bis auf einen kleinen Sehschlitz geschlossen. Damit registriert er blitzschnell herannahende Gefahren und kann sich in der Regel durch Flucht retten. Erst bei Einbruch der Dämmerung begibt sich der geheimnisvolle Vogel auf Nahrungssuche. Dann überfliegt er mit schnurrendem Gesang die Waldlichtungen und hält Ausschau nach Beute. Der Gesang des Ziegenmelkers gleicht einem fremdartigen Summen, das man bei Einbruch der Nacht hören kann. Der nachtaktive Vogel zieht im September in die wärmeren Teile des Erdballs und kehrt im April/Mai nach Europa zurück.
Der Ziegenmelker zählt mit den Käuzen und Eulen zu jenen Nachtvögeln, die seit Jahrhunderten die Phantasie abergläubischer Menschen anregen. Ihr mysteriöses Erscheinungsbild, ihr Lebensrhythmus und der eigenartige, weit hörbare Gesang versetzen viele Menschen in Unruhe. Daher gelten diese Tiere als Unglücksboten: So wie das Käuzchen angeblich den Tod ankündigt, soll der Ziegenmelker im Schutz der Dunkelheit die Milch der weidenden Ziegen und Kühe trinken. Er fliegt abends beständig um die Weidetiere herum; allerdings jagt der Ziegenmelker ausschließlich Insekten, die sich auf den Tieren niederlassen. So verschlingt der Vogel Insekten, vor allem Nachtfalter.

Ziegenmelker
Länge: 26 bis 28 cm
Gewicht: 55 bis 100 g
Flügelspannweite: 57 bis 64 cm
Lebensdauer: acht Jahre (in Freiheit)

Wenn es dunkel wird, begibt sich der Ziegenmelker auf Jagd. Er fliegt dabei über die mit Bäumen bewachsene Heidelandschaft. Die kleinen weißen Flecken auf seinen Schwingen und am Schwanz weisen den Vogel als Männchen aus. Abbildung Mitte: Nachdem er Beute erspäht hat, hält er unvermittelt inne, macht blitzschnell eine Wendung, um das Opfer zu fangen und setzt seinen Flug sodann fort. Der Ziegenmelker jagt pro Nacht zwischen einer und drei Stunden. Zwischen elf Uhr nachts und ein Uhr früh trifft man praktisch keine jagenden Ziegenmelker mehr an. Er frißt vor allem Laufkäfer, Nachtfalter und Mistkäfer. Bei Untersuchungen haben Biologen im Magen eines Ziegenmelkers die beachtliche Zahl von 163 Schnaken entdeckt.

Im Juni legt der Ziegenmelker zwei grau, braun und beige gefleckte Eier. Der Vogel legt sie direkt auf die Erde, auf Blätter oder zwischen Holzreste. Nach maximal 18 Tagen schlüpfen die Jungen, die mit Flaum bedeckt sind. Die Augen sind bei der Geburt geschlossen.

Wie die Altvögel verharren die Jungen regungslos am Boden; zusammen mit ihrer Gefiederfärbung trägt dieses Verhalten erheblich zur Tarnung bei. Die Tarnung ist für sie die einzige Möglichkeit, sich Angreifer vom Leib zu halten. Die Jungvögel, die zunächst trippeln, beginnen nach 16 Tagen mit Flugbewegungen.

Die steigende Verkehrsdichte setzt auch dem Ziegenmelker stark zu. Dieser Vogel jagt nämlich ausgesprochen gerne über den Landstraßen, manchmal ruht er sich gar auf dem Asphalt aus. Nicht selten werden die Tiere überfahren; plattgedrückte Kadaver beweisen dann am darauffolgenden Morgen, daß der Ziegenmelker auch dort vorkommt. Auf der unteren Abbildung konnte sich der durch das Fahrzeuglicht geblendete Vogel nicht mehr rechtzeitig in Sicherheit bringen. Die unerfahrenen Jungvögel sind noch viel stärker als die erwachsenen Tiere durch den Straßenverkehr gefährdet.

Die Rohrdommel

Mit ihrem langgestreckten Hals und dem himmelwärts gerichteten Schnabel gleicht die Rohrdommel den dürren Schilfrohren der Umgebung. Wie versteinert sitzt dieser Zugvogel in seinem Versteck. Bei Störung verharrt die Rohrdommel fast eine Stunde lang in dieser Pfahlstellung: Sie sieht dann aus wie ein Büschel gelblicher Schilfhalme am Seeufer. Ist die Gefahr vorüber, dann nimmt der Vogel wieder seine normale Haltung ein und schreitet gemessen in Richtung Schilfgürtel. Im Winter besitzt die Rohrdommel ein Federkleid, das den Vogel wirksam tarnt: In dieser Jahreszeit weisen Schilf, Rohrkolben und die übrigen Sumpfpflanzen die gleichen Farbtöne wie die Rohrdommel auf. Die braunschwarzen Streifen auf der unteren Körperoberfläche ähneln Schatten, die zwischen den Halmen entstehen. Oft wird behauptet, die Rohrdommel mache Mimikry, das heißt, sie passe sich ihrer Umgebung an. Ganz korrekt ist dies allerdings nicht, denn schließlich bedeutet dieser Begriff die Imitation eines Tieres durch ein anderes Lebewesen. Die Rohrdommel ist lediglich „homochrom“, und dies heißt auf deutsch, daß der Vogel zum besseren Schutz die gleichen Farben wie sein Lebensraum aufweist.
Die Biologen wissen wenig über das Leben der Rohrdommel, die sich vorzugsweise in die dichte Vegetation der Uferzonen zurückzieht. Nur selten, etwa im Frühling, verläßt die Rohrdommel ihr Versteck. Sie fliegt dann in geringer Höhe von See zu See. Wird die Rohrdommel durch einen jagenden Hund aufgescheucht, dann plustert sie ihre Halsfedern auf und schlägt mit den Flügeln eine Art Rad. In dieser Drohhaltung erwartet der Vogel den Angreifer. Wenn er ihm zu nahe kommt, stößt er mit seinem Schnabel in Richtung der Augen des Eindringlings, der sich daraufhin gerne zurückzieht.
Die mit dem Graureiher verwandte Rohrdommel verläßt ihren Nistplatz im Schilf nur dann, wenn starker Frost die Oberfläche des Teiches in eine Eisdecke verwandelt. Dann zieht der Vogel in den Süden, an das Mittelmeer, nach Nordafrika und bis über die Sahara hinaus, um im Februar oder März wieder zurückzukehren. Der Gesang der Rohrdommel ist einzigartig. Man vernimmt ihn am Ende der kalten Jahreszeit und im Frühling. Der Gesang erinnert an das dumpfe Brüllen eines Rindes. Wenn es ruhig ist, kann man diese Töne sogar über mehrere Kilometer hinweg hören.
Die Rohrdommel ernährt sich vornehmlich von Nattern, Fröschen, kleinen Fischen und Kaulquappen. Jedoch auch große Wasserinsekten wie etwa Schwimmkäfer, Schweifwanzen, Wasserkäfer, Ruderwanzen und Libellenlarven werden nicht verschmäht. Die Rohrdommel fängt bisweilen junge Scher- und Spitzmäuse, die im und am Wasser leben.

Rohrdommel. Länge: 76 cm. Gewicht: 1 bis 1,4 kg.
Flügelspannweite: 76 cm.
Lebensdauer: 10 Jahre (in Freiheit)
Zwergdommel. Länge: 33 bis 38 cm. Gewicht: 140 bis 160 g.
Flügelspannweite: 52 bis 58 cm. Lebensdauer: fünf Jahre (in Freiheit).

Die Zwergdommel ist die kleinste Reiherart Europas. Sie lebt am Ufer von Teichen und Flüssen mit dichten Schilfrohrgürteln. Wie bei der Rohrdommel steht auch das Gefieder dieses kleinen Vogels in Einklang mit der sie umgebenden Vegetation. Wird die Zwergdommel gestört, nimmt sie die gleiche pfahlartige Haltung wie die Rohrdommel ein. Auch der Nachwuchs beherrscht diese Kunst bereits. In dieser Stellung können die Tiere längere Zeit verharren (linke Abbildung). Wenn der Wind die Schilfbüschel bewegt, folgen die Vögel dieser Bewegung, indem sie ihren Körper hin- und herschwenken (rechte Abbildung). Die Zwergdommel verläßt Europa im Herbst, um den Winter im östlichen und südlichen Afrika zu verbringen. Spätestens im Mai kehrt sie zurück.

Mit hoch aufgerichtetem Kopf und starrer Körperhaltung beobachtet die Rohrdommel den Störenfried, den sie nicht aus den Augen läßt. Da die Augen der Rohrdommel sichtbar hervortreten, könnte man glauben, der Vogel schiele. Die frischgeschlüpften Tiere mit ihrem blaugrünen Schnabel besitzen einen fahlroten Flaum und grünlich schimmernde Stellen auf ihrer Haut.

Wenn die Schilfrohre im Sommer grün sind, verliert die Rohrdommel mit ihrem gelblichen Federkleid eigentlich ihre Tarntracht. Allerdings kann sich der Vogel in dieser Jahreszeit in der üppig wuchernden Ufervegetation gut verbergen. Ein Naturwissenschaftler stellte erst nach einer Viertelstunde intensiven Spähens fest, daß der Vogel nur etwa 20 cm von ihm entfernt regungslos verharrte.

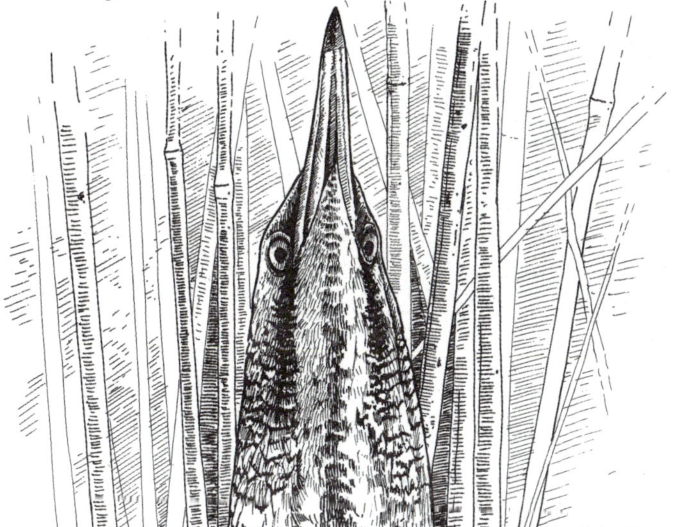

Das von den Altvögeln mit Schilfrohrteilen und Binsen gebaute Nest der Zwergdommel sieht wie ein Haufen geknickter Stengel aus. Da das Zwergdommel-Weibchen ein etwas dunkleres Federkleid aufweist, ist es noch schwerer zu finden, zumal es sich beim Brüten in der dichten Ufervegetation versteckt.

Mimikry

Der Insektenkörper ist schwarzgelb geringelt, die Flügel sind schmal und durchschimmernd. Am Kopfende des Tieres erheben sich feine, schwarze Fühler: Es handelt sich offensichtlich um eine Wespe, wer würde daran zweifeln. Aber der Schein trügt – das Insekt auf der linken Bildhälfte ahmt die Wespe (rechts) nur nach. Der Imitator, ein Hornissenschwärmer, gehört zur Gruppe jener Schmetterlinge, die das Aussehen einer Wespe fast perfekt nachbilden können. In Europa gibt es mehrere Dutzend Schwärmerarten, von denen die meisten auf den ersten Blick mit Wespen verwechselt werden. Zudem bewegen sie sich in der Luft ähnlich wie Wespen fort, denn ihre Flügel erzeugen ein leichtes Summen. Manche führen wie die Wespen abrupte Bewegungen aus. Selbst Insektenkundler fallen bisweilen auf diese geschickten Imitatoren herein. Die Schwärmer zählen fraglos zu den Experten des „Mimikry“: Bei dieser Schutzanpassung ahmt ein ungeschütztes Tier einer anderen Art (der Schwärmer) ein (etwa durch Giftdrüsen) gut geschütztes Tier (die Wespe) mit seiner Warntracht nach. Erstaunlich ist, daß sie zu den Nachtschmetterlingen gerechnet werden, obwohl sie tagsüber aktiv sind.
Der Hornissenschwärmer (Abbildung oben links) sieht aus wie eine Hornisse und wirkt ziemlich träge. Die in Europa bis Sibirien verbreitete Schwärmerart lebt in der Nähe von Pappeln, in deren Holz die Schwärmerraupen Gänge anlegen. Zwei bis drei Jahre lang ernähren sie sich von Rinde und vom Holz junger Bäume. Dann bohren sie von innen ein Loch, aus dem später der Schmetterling ans Tageslicht gelangt. Zuvor spinnen sie sich in einen Kokon ein, um sich in eine Schmetterlingspuppe zu verwandeln.
In den Baumschulen werden die Schwärmer nicht gerne gesehen, da sie beachtlichen Schaden anrichten können. Immerhin erreichen die von den Raupen geschaffenen Gänge in den jungen Bäumen eine Länge von bis zu zehn Zentimetern. Ihre Ähnlichkeit mit den Wespen dient als wirksamer Schutz gegen Vögel, die sich mit den vermeintlichen Stechern nicht einlassen wollen.
Weil jedoch die Schwärmer eine sehr schwache Populationsdichte haben, ist wahrscheinlich, daß diese Art der Imitiation sie schützt: Damit der „Abschreckungseffekt“ gegenüber Feinden von Dauer ist, muß die Zahl der Schwärmer geringer sein als die der Wespen. Untersuchungen haben ergeben, daß es tatsächlich weniger Schwärmer als Wespen gibt.

Hornissenschwärmer. Länge: 16 mm. Flügelspannweite: 30 bis 45 mm.

Der Grauschnäpper (links) zählt zur Familie der Sperlingsvögel. Er kehrt erst spät im Frühjahr wieder nach Europa zurück. Auf einem Ast sitzend, lauert er seiner Beute auf und stürzt sich schließlich auf das Opfer. Nachdem er es gepackt hat, kehrt er wieder auf seinen Ast zurück. Auf der linken Abbildung nähert sich der Grauschnäpper einem Schwärmer, dreht jedoch im letzten Moment ab (rechts). Die Ähnlichkeit des Schwärmers mit einer Wespe hat den Vogel getäuscht. Der Schwärmer hat in diesem Fall nochmal Glück gehabt, allerdings kann es auch anders kommen: Manche Vögel scheinen sich auch durch die imitierende Wespen-Warntracht nicht abschrecken zu lassen.

Der Schein trügt wieder einmal: Die Abbildung in der Mitte unten nicht zwei Hummeln! Links eine Schwebfliege mit gedrungenem Körperbau, Behaarung und großem Rüssel, mit dem diese Fliege auf den Blüten Nahrung saugt. Diese Schwebfliegenart mit ihren parasitierenden Larven imitiert die Hummel (rechts).

Der Lippfisch (in der unteren Abbildung ganz unten) lebt in Korallenriffen. Dort befreit er die großen Fische von Parasiten und abgestorbenen Hautresten. Allerdings gibt es auch dort einen geschickten Nachahmer (oben), der seinen „Kunden" eine böse Überraschung bereiten kann: Er befreit sie nicht von Parasiten, sondern reißt ihnen mit seinen spitzen Zähnen ganz unerwartet Fleisch aus dem Körper.

Mehrere tropische Schmetterlingsarten imitieren gewisse Artgenossen, die durch ihren unangenehmen Geschmack vor Feinden sicher sind. Es handelt sich dabei um Verwandte des Europäischen Schwalbenschwanzes und des auch bei uns bekannten Tagpfauenauges. Die untere Abbildung zeigt „Danaus chrysippus" und seinen Nachahmer, „Hypolimnas misippus".

Die Zwergseeschwalbe und ihr Gelege

Vom Boden aus beobachtet die Zwergseeschwalbe mit aufmerksamem Blick die Umgebung. Um sie herum liegen Sand, einige Kieselsteine und Muschelreste. Wenn sie sich ungestört fühlt, steht sie auf und trippelt mit ihren kurzen Beinen davon. Einige Meter von ihrem ursprünglichen Standort entfernt hält sie plötzlich inne und spreizt die Federn auf beiden Körperseiten: Die Zwergseeschwalbe beginnt ihre Eier auszubrüten. Diese hat der Vogel etwa zehn Tage zuvor an einer Stelle abgelegt, wo er sich erst jetzt hinbegibt. Sein Brutplatz liegt zum besseren Schutz in der Tat an einem höchst unerwarteten Ort (Abbildung oben).
Sich ausgerechnet auf einer Sandbank oder einem Strand den Nistplatz zu suchen, ist gewiß ein riskantes Unterfangen, da es dort keine natürlichen Verstecke gibt. Wie läßt es sich unter diesen Umständen vermeiden, daß Feinde das Nest und die Jungvögel entdecken? Die Zwergseeschwalbe hat dieses Problem auf ihre Weise gelöst: Sie verzichtet auf den Nestbau und gibt sich mit einer Mulde im weichen Untergrund zufrieden. Diese Arbeit verrichtet sie, indem sie ihren Körper auf den Sand drückt und mit ihm kreisende Bewegungen ausführt. Mit der Zeit entsteht so eine Art Wanne. Dorthinein legt sie ihre gelblichen und braunweiß gesprenkelten Eier. Wenn man nicht genau beobachtet hat, wo der Muttervogel seine Eier abgelegt hat, wird man sie dank ihrer hervorragenden Tarnfarbe nicht entdecken.
Etwa 20 Tage nach der Eiablage schlüpfen die Jungvögel, die jedoch kaum zu sehen sind. Eierschalen und Jungvogelflaum weisen in etwa die gleichen Farbtöne auf. Die Küken mit ihrem gestrichelten und gepunkteten Flaum gleichen kleinen Wollknäueln. Die meisten Vogelarten, die auf dem Boden nisten, legen Eier, deren Farbe mit der unmittelbaren Umgebung in Einklang steht. Wasserläufer, Perlhühner, Enten, Wachteln, Schnepfen, Trappen, Regenpfeifer, Brachvögel, Seeschwalben, Möwen und zahlreiche Vertreter der Sperlingsfamilie schützen ihre Brut, indem sie die Eier in der umgebenden Vegetation verstecken. Lediglich die größeren Vögel, die sich selbst wirksam verteidigen können und – vom Menschen abgesehen – keine Feinde haben, legen Eier mit auffälliger Farbgebung. So bauen etwa die Schwäne ein großes Nest, worin sie crèmefarbene und weiße Eier mit grünen Farbflecken ablegen. Die Eier der Wildgänse fallen durch ihre weiße Farbe auf.

Stockente. Eier: Länge x Breite: 57 bis 41 mm.
Heidelerche. Eier: Länge x Breite: 21,5 bis 16,5 mm.
Fasan. Eier: Länge x Breite: 46 bis 36 mm.
Zwergseeschwalbe. Eier: Länge x Breite: 32,9 – 23,8 mm.

Der Seeregenpfeifer, ein kleiner Stelzvogel der europäischen Küsten, legt Eier, deren crèmefarbene Oberfläche durch braune oder schwarze Flecken aufgelockert ist. Aus ein bis zwei Metern Entfernung kann man sie nicht erkennen, zumal sie der Vogel häufig mit Sand zudeckt. Zwischen den Kiesansammlungen der Strände sind die Regenpfeifer-Eier praktisch nicht zu sehen (links). Auf der rechten Abbildung zertritt ein unachtsamer Badegast die Eier, ohne es zu merken. Auf diese Art und Weise werden jährlich zahlreiche Regenpfeifer-Eier vernichtet. Regenpfeifer legen ihre Eier im Juni bis Juli, wenn erholungsbedürftige Stadtmenschen die Strände in Beschlag nehmen.

Der Jagdfasan legt zwischen acht und zwölf olivebraune Eier. Die Altvögel wählen als Standort für das direkt auf den Boden gebaute Nest Büsche, Hecken oder einfach Grasbüschel. Die durch die Vegetation gut getarnten Eier finden nur Krähen und Hermeline, die den Jagdfasanen heftig zusetzen.

Das Nest der Heidelerche kann auf steinigen Hängen nicht wirkungsvoll verborgen werden. Daher legt der Vogel seine Eier in eine kleine Mulde, die man nur schwer erkennt. Von 67 Heidelerchen-Nestern, die in den Niederlanden über einen längeren Zeitraum beobachtet wurden, waren 85 Prozent zum Zeitpunkt des Flüggewerdens der Jungvögel noch unangetastet.

Das Weibchen der Stockente sucht sich einen ruhigen Ort, um dort sieben bis zehn Eier zu legen. Dornengebüsch und Brennesseln tragen erheblich zum Schutz der Eier bei. Diese sind mit braunem Flaum umgeben und sind glanzlos, grünlich, graugrün oder leicht fahlrot gefärbt. Diese Tönung harmonisiert mit der umgebenden Vegetation. Wenn sich das Weibchen auf Nahrungssuche begibt, bedeckt es die Eier mit Flaum, um eine Abkühlung zu vermeiden und sie zu verbergen. Stockenten wählen als Nistplatz häufig den Erdboden, eine hohle Weide oder sogar einen verlassenen Greifvogelhorst inmitten eines Getreidefeldes. Die häufig gut getarnten Brutplätze erhöhen die Überlebenschancen der Jungvögel ganz erheblich.

Schmetterlinge

Man muß schon zweimal hinblicken, um auf der oben abgebildeten Birkenrinde einen Schmetterling erkennen zu können. Den abgebildeten Birkenspanner erkennt man an seinen weißen Schwingen mit schwarzen Flecken. Mit dieser Tönung imitiert das Insekt auf hervorragende Weise die Farbe der Birke, deren Blätter von den Raupen des Birkenspanners gefressen werden. Wenn sich der Schmetterling nicht bewegt und seine Flügel ausbreitet, ähneln die kleinen schwarzen Tupfer der rissigen Oberfläche der Rinde: So ist der Birkenspanner wirklich kaum zu erkennen. Die sehr genügsamen Raupen des Birkenspanners fressen auch die Blätter von Eichen, Pappeln, Weiden, Eschen und Ebereschen. Sie ausfindig zu machen, ist oft ein hoffnungsloses Unterfangen, da die Raupen dünnen Ästchen ähneln. Wenn man sie auf der Birke antrifft, so erkennt man sie an ihrer glatten Haut, deren bräunlich-veilchenblaue Färbung durch schwarze Flecken unterbrochen wird. Diese Flecken wirken wie die kleinen Öffnungen in der Baumrinde. Die auf Eichenbäumen lebenden Exemplare hingegen sind braun oder grün gefärbt und werden dadurch häufig mit Flechten verwechselt. Sie kauern die ganze Zeit eng an den Ästen und vermeiden damit auch den geringsten verdächtigen Schatten, der sie verraten könnte.

Unsichtbar ist der Schmetterling nur, wenn die Birkenrinde sauber ist. In den Industrieregionen hat die Baumrinde wegen Luftverschmutzung mittlerweile ihre Farbe geändert. In Großbritannien, dem Ursprungsland der „industriellen Revolution“, haben Biologen festgestellt, daß die Folgen der Verunreinigung auch auf den Birkenspanner nicht ohne Einfluß geblieben sind. In den Großstädten wurden die weißen Schmetterlinge zunehmend seltener. An ihre Stelle traten andere Schmetterlinge der gleichen Art. Mit ihrer schwärzlichen Färbung stehen sie im Einklang mit den rußverschmutzen Birkenstämmen. Die meisten Flechtenarten, die diesem Insekt früher zur Imitation dienten, sind mittlerweile verschwunden. Angesichts einer zunehmenden Verunreinigung der Atmosphäre und der Bäume ist es dem Birkenspanner relativ schnell gelungen, sich an die neuen Verhältnisse anzupassen. Andere, in den Städten vorkommende Schmetterlingsarten haben sich im Gegensatz zu den auf dem Land lebenden Verwandten eine dunklere Farbe zugelegt. Die Zahl der hellfarbenen Birkenspanner nimmt ab, die der dunkelfarbenen Exemplare zu.

Birkenspanner. Spannweite: 45 bis 60 mm.
Nesselspanner. Spannweite: 70 mm.
Kallima. Spannweite: 70 mm.
Taubenschwänzchen. Spannweite: 42 bis 50 mm.

Experimente haben gezeigt, daß der Birkenspanner aus einem einfachen Grund schrittweise seine Färbung verändert hat: Ein heller Schmetterling, der den ganzen Tag mit ausgebreiteten Flügeln reglos auf einem geschwärzten Birkenstamm verbringt, wird von den Vögeln viel leichter entdeckt als ein dunkles Insekt (links). Mitte: Sperlinge, die sich in Lagerhallen aufhalten, fangen einen nicht getarnten Schmetterling. Rechts: Dieser grau und schwarz gefärbte Spanner hat gute Überlebenschancen, da seine Farbe von Rotschwänzchen, Sperlingen und anderen in den Städten lebenden Vögeln nicht wahrgenommen wird.

Nesselspanner in Ruhestellung (Abbildung unten). Dieser auf Wiesen und am Waldrand lebende Schmetterling weist braunschwarze und crèmefarbene Zeichnungen auf. Sie lassen die Konturen seiner Flügel verschwimmen und verhindern, daß er in ruhendem Zustand entdeckt wird. Bei Störung entfaltet er unverzüglich seine rotgefärbten Innenflügel (unten).

Wo sind die Blätter, wo ist der Schmetterling ? Eine schwere Frage, denn die in Südostasien beheimateten Kallimas sind wahre Meister der Nachahmung. Färbung, Form, Rippenverlauf und schimmelartige Flecken dieses Insekts erwekken den Eindruck, es handle sich um ein abgestorbenes Blatt. Der in der Mitte liegende Teil wirkt erhaben, allerdings ist dies eine optische Täuschung.

Taubenschwänzchen in Ruhestellung auf einer Mauer. Auf den ersten Blick ähnelt das Insekt einem zusammengeschrumpften Blatt oder einem spinnennetzumwobenen Holzstückchen. Solange sich der Schmetterling nicht bewegt, ist er sicher. Das Taubenschwänzchen läßt sich schwer identifizieren, da es beim Flug seine Flügel so schnell bewegt, daß man die Farben nicht wahrnimmt.

Raupen

Wer am Ast auf der nebenstehenden Abbildung eine Raupe entdecken will, wird sich zunächst einmal kräftig die Augen reiben. Wo hat sich das Insekt denn bloß versteckt? Es ist ebenso steif wie die umgebenden Äste und besitzt kleine Wülste, die jenen auf der Baumrinde zum Verwechseln gleichen. So verharrt die Raupe regungslos (rechts oben). Da sich diese weichen Tiere nicht eben durch schnelle Reaktionen auszeichnen, scheinen sie weitgehend schutzlos und dienen den Vögeln als sichere Beute. Nicht alle Raupen lassen sich jedoch so einfach fangen. Einige von ihnen seilen sich an einem Seidenfaden ab, wenn sie gestört werden. Andere schließlich besitzen einen haarigen Körperschutz, der bei Berührung Juckreiz hervorruft. Eine dritte Gruppe von Raupen beherrscht die Kunst der Tarnung: Sie sind innerhalb der Vegetation in der Regel nicht zu entdecken. Sobald man ihnen auf den Pelz rückt, strecken sie sich der Länge nach, bewegen sich nicht mehr und bleiben lange Zeit in dieser Stellung. Da ihre Körperfarben denen der Rinde ähneln und ihre Haut genau die von den abfallenden Blättern hinterlassenen Bruchstellen imitiert, sind sie so lange vor Entdeckung sicher, wie sie sich nicht rühren.

Man nennt diese Tiere wegen ihrer Fortbewegungsweise Spannerraupen. Beobachtet man sie genauer, so könnte man den Eindruck gewinnen, daß sie die Äste „abmessen". Zunächst stellen sie die Vorderfüße auf die Unterlage und ziehen den übrigen Körper nach. Dann schieben sie sich nach vorne und verwenden hierzu die Hinterfüße, die sich ganz in der Nähe der Vorderfüße befinden. In diesem Zustand gleicht ihr Körper entfernt einer Schlaufe. Kurz darauf strecken sie sich wieder und beginnen ihr Manöver von vorne. So kommen sie recht zügig voran. Selbst die Jungraupen, die nur wenige Millimeter groß sind, bewegen sich auf diese Weise fort.

Spannerraupen trifft man vornehmlich in Gärten, Wäldern und Obstgärten an. Es gibt keine Baumart, die von ihnen verschmäht wird.

Auch die Spannerraupen haben ihre Nachahmer: Auf den Bäumen leben sie zusammen mit Larven, die ein ähnliches Aussehen wie die Spannerraupen haben. Um sie auseinanderzuhalten, muß man schon genau hinschauen. Bei den Imitatoren handelt es sich um die Larven von Sägewespen, einer bei uns sehr häufig vorkommenden, kleinen Wespenart. Man erkennt sie an der Anzahl der Füße am Unterleib. Während die Sägewespen-Larven stets sechs bis acht Paare besitzen, haben die Spannerraupen lediglich maximal fünf Paare. Außerdem besitzen diese „falschen" Raupen zwei große Facettenaugen, wogegen die richtigen Raupen auf jeder Seite des Kopfes fünf bis sechs kleine Augen aufweisen.

Eine Spannerraupe bewegt sich vorwärts: Sie hat ihre Vorderfüße von der Unterlage gelöst, um sie im nächsten Moment nach vorne zu bewegen. So kommt sie einen „Schritt" vorwärts (links). Eine Kohlmeise auf Beutefang wittert ihre Chance und läßt sich auf dem gleichen Ast nieder. Unverzüglich erstarrt die durch die Erschütterung der Unterlage gewarnte Raupe. Bald darauf ist sie praktisch unsichtbar geworden, denn Farben und Körperbau ähneln exakt einem kleinen Zweig (rechts). Ob sie mit dieser List ihrem Schicksal entgeht, ist nicht sicher: Biologen untersuchten Nahrung, die Kohlmeisen-Eltern ihren Jungen brachten. Der Anteil von Spannerraupen lag bei 8,8 Prozent.

Ungeachtet ihrer beachtlichen Körperabmessungen (bis zu sechs Zentimetern Länge) bleibt die Schmetterlingsraupe unsichtbar, da sie kaum Ähnlichkeit mit einer Raupe aufweist. An ihrem Körper, der von vier sehr langen Vorderbeinen getragen wird, befinden sich eigenartige Fortsätze. Ihr Körper weist die Farbe abgestorbener Blätter auf.

Trotz seiner Größe bis zu acht Zentimetern ist das Nachtpfauenauge im Blätterwerk hervorragend getarnt. Das Nachtpfauenauge, das sich vornehmlich von Eschenblättern ernährt, besitzt eine grüngelbliche oder grünbläuliche Körperfärbung mit weißen Pünktchen. Der ganze Körper ist außerdem mit sieben hellen Streifen überzogen.

Schillerfalter in Ruhestellung: Dieser Waldschmetterling, der auf einem Weidenblatt sitzt, hat durch seine grüne Farbe einen wirkungsvollen Schutz. Das dicke, bis zu vier Zentimeter lange Tier ist sehr gut getarnt: Eine schräg verlaufende Linie auf beiden Seiten läßt seine Körperkonturen verschwimmen.

Plattwürmer, Köcherfliegen und Steinfische

Zunächst nimmt man nur einen kleinen Buckel auf dem Meeresboden wahr; ist es vielleicht am Ende nur ein Kieselstein, der im Sand ruht? Da kommt Bewegung in die Unterwasserlandschaft: Unverhofft stößt der vermeintliche Stein nach vorn und schluckt einen kleinen Fisch, der sich zu nahe herangewagt hat – so hervorragend getarnt lauert der Steinfisch seiner Beute auf. Der mit Pickeln und Auswüchsen übersäte graugelbliche oder graubräunliche Körper des Warzensteinfisches bleibt sowohl für den Menschen als auch für die Beutetiere (kleine Krebstiere und andere Meeresbewohner) so gut wie unsichtbar. Kaum ein Tier besitzt ein vollendeteres Tarnkleid: Die Steinfische gleichen sich so ihrem Lebensraum perfekt an. Da der Steinfisch nicht sonderlich gut schwimmen kann, wartet er in aller Ruhe darauf, daß sich die Beutetiere auf Reichweite nähern. Erst dann schlägt er zu.

Neben jenen Tieren, die zur Selbstverteidigung das Warnkleid artfremder Tiere imitieren, gibt es Räuber, die ihre Beute durch eine vollkommene Tarnung täuschen. Steinfische kommen im Indischen Ozean und im Pazifik vor; man trifft sie vor allem in der Nähe der pazifischen und indonesischen Inselwelt, an den Küsten Australiens und der arabischen Halbinsel. Der schuppenlose Raubfisch besitzt kurze und breite Brustflossen.

Einen wesentlichen Beitrag zur Tarnung leisten auch die Algen, die sich mit der Zeit an den Rückenflossenstrahlen und an den Körperauswüchsen festsetzen. In der Regel ragen lediglich der obere Teil seines Kopfes sowie sein Rücken aus dem Sand. Da sich Steinfische mehr oder weniger stark in den Bodensand eingraben und damit nur schwer zu erkennen sind, kann die Begegnung mit ihnen unangenehme Folgen haben.

Steinfische sind giftig: Die Endpunkte ihrer insgesamt zwölf Rückenflossenstacheln sind mit Drüsen verbunden, die ein starkes Gift produzieren. Wie wirksam diese Giftstoffe sind, erfahren jedes Jahr Badegäste, wenn sie aus Unachtsamkeit auf einen Steinfisch treten. Gleich nach dem Stich verspürt man einen unerträglich werdenden Schmerz, der in der Regel zur Bewußtlosigkeit führt. Das Gift des Steinfisches erreicht schnell das zentrale Nervensystem des Menschen. Wenn die Stacheln auch noch eine Hauptschlagader treffen, besteht akute Lebensgefahr: Zunächst zeigen sich Lähmungserscheinungen, auf die zwei bis drei Stunden später der Tod eintreten kann. Sämtliche Steinfischarten sind auf ähnliche Weise getarnt und können, wie viele Bewohner der tropischen Meere, lebensgefährlich werden.

Steinfisch. Länge: 30 bis 40 cm.

Beim Schwimmen befindet sich der Kopf stets unten. Die schwarzen Linien an seinen Flanken tragen nicht unwesentlich zur Tarnung des Rasierfisches bei. Wenn er zwischen den Stacheln eines Seeigels Zuflucht sucht, kann man ihn kaum mehr wahrnehmen.

ine Gruppe von Barracudas nähert sich. Um sich vor den Raubfischen in Sicherheit zu bringen, schwimmen die Schnepfenmesserfische ins Stachelgestrüpp eines Seeigels. Schnepfenmesserfische verbergen sich in den senkrecht stehenden Korallenästen oder flüchten in Steinspalten.

Unsichtbare Wassertiere finden sich nicht nur in den tropischen Meeren. So leben in den Tümpeln und Teichen Europas Köcherfliegenlarven, die sich mit ihrem köcherartigen Aufenthaltsort vorwärtsbewegen. Ihr schützender Panzer ist mit Sandkörnern, Blattresten oder winzigen Muscheln überzogen.

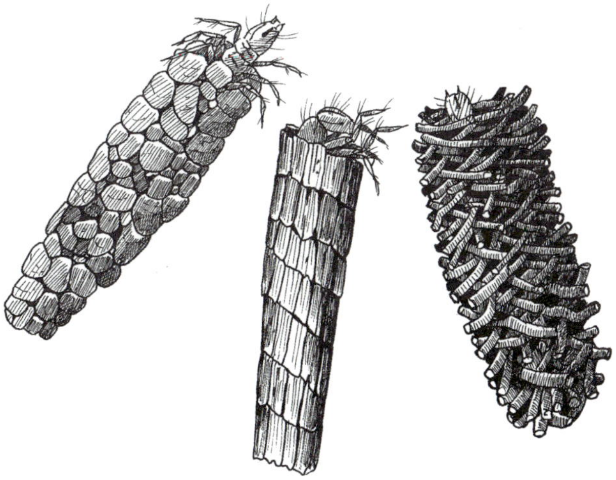

Strudelwürmer, die in den europäischen Seen und Flüssen vorkommen, sind gleichfalls hervorragend getarnt. Mit ihrem weißlichen oder graugefärbten Körper, der bisweilen von andersfarbigen Flecken gezeichnet ist, heben sich die in Flußbetten lebenden Strudelwürmer nur unwesentlich von ihrer Umgebung ab. Sie bewegen sich wellenförmig vorwärts. Strudelwürmer leben sehr häufig unter Steinen; wer sie fangen will, benötigt hierzu ein sehr feinmaschiges Netz.

Lungenfische ziehen sich in den Schlick zurück, wenn die Teiche austrocknen. Auch der afrikanische Lungenfisch, der Monate lang in einer Schlammkapsel überlebt. Während dieser Zeit verlangsamen sich die Körperaktivitäten des Tieres. Im Wasser atmet er mit Hilfe von Kiemen, im Schlick nimmt er seine Lungen zu Hilfe. Hierzu benötigt das Tier eine Öffnung im Schlick.

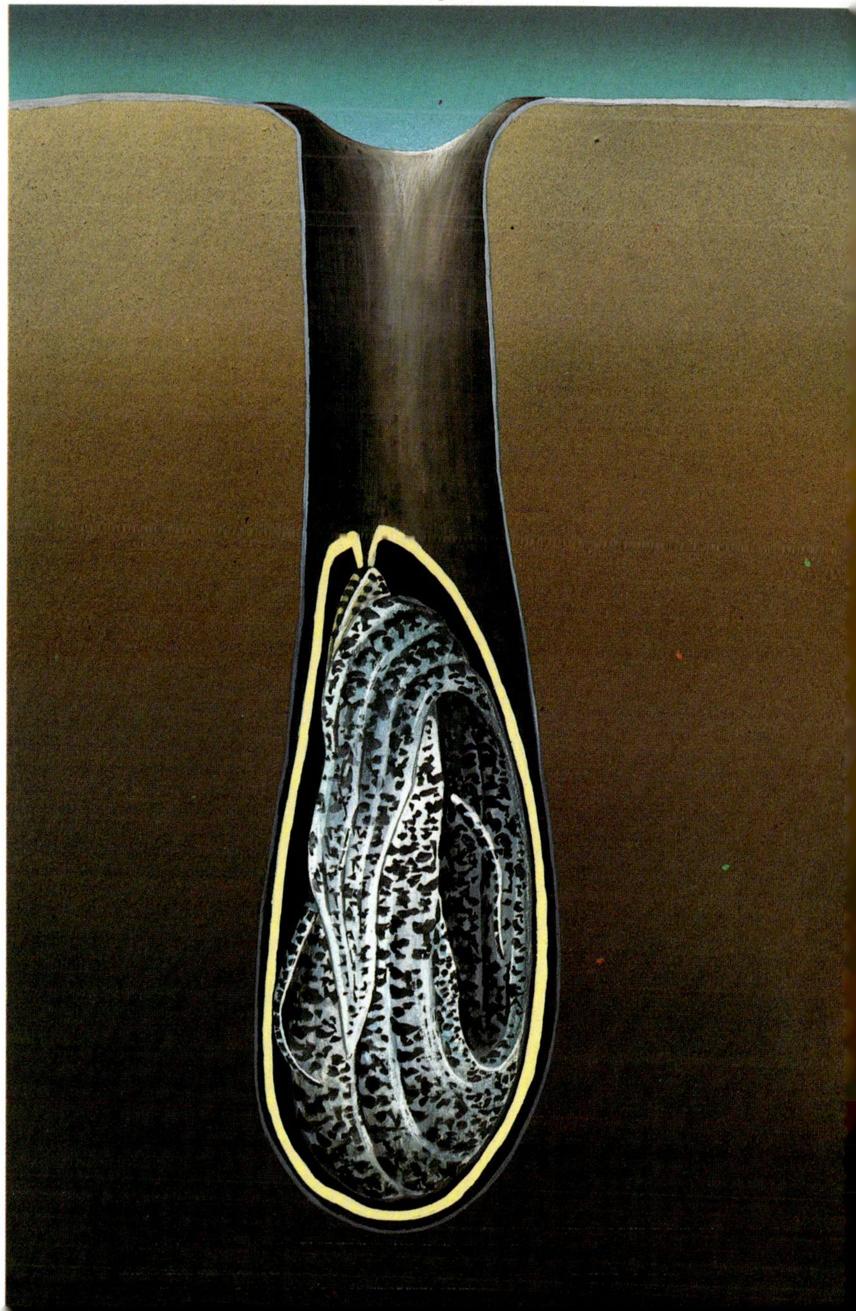

Watvögel

Der Himmel ist grau verhangen. Die Ackerflächen sind abgeräumt: Die Landschaft wirkt fast leer. Von der Straße aus erkennt man lediglich Erdschollen und Ackerfurchen. Wenn man jedoch die Feldflächen mit einem Fernglas absucht, wird man bald fündig: In einigen hundert Metern Entfernung bewegen sich kleine schwarze Punkte: Kiebitze auf Nahrungssuche. Mit einem Mal fliegen sie davon. Mit ihnen haben sich gleichzeitig ganz unbemerkt weitere Vögel in die Lüfte erhoben. Nach ein paar Runden kehren die Kiebitze auf die Erde zurück und bewegen sich trippelnd fort. Während man die Kiebitze gut beobachten kann, scheinen die Goldregenpfeifer wie vom Erdboden verschluckt. Diese Verwandten der Kiebitze gelten als Meister der Tarnung.
Gerade haben noch gut 100 Goldregenpfeifer die herbstliche Szenerie überflogen. Nun sind sie dank der braunen Färbung ihres Federkleides vom Ackerboden, auf dem sie regungslos sitzen, kaum noch zu unterscheiden. Goldregenpfeifer verbringen den Winter an den Küsten Europas, man findet sie jedoch während der kalten Jahreszeit auch auf den Feldern.
Goldregenpfeifer kommen seltener vor als Kiebitze. Sie stammen aus Skandinavien, ihr Verbreitungsgebiet erstreckt sich nach Rußland und sogar bis nach Sibirien. Sie kommen in der Regel im November und fliegen im Februar wieder zurück, wenn nicht ein plötzlicher Kälteeinbruch den Boden gefrieren läßt. In diesem Fall führt ihr Weg weiter in Richtung Süden. Kiebitze und Goldregenpfeifer zählen zur Gruppe der Watvögel. Im Frühling suchen sie vorzugsweise Feuchtgebiete und sumpfiges Gelände auf. Die mit dem Sandregenpfeifer verwandten Tiere sind praktisch die einzigen Vögel, die auf den großen Getreideanbauflächen vorkommen. Sie fressen vornehmlich Regenwürmer.
Der Goldregenpfeifer besitzt im Winter ein sehr dunkles Federkleid. Im Frühling ändert der Vogel sein Aussehen: Sein neues, schwarz-weiß-goldgelbes Federkleid hat dem Tier zu seinem Namen verholfen. Die kleinen gelben Flecken auf seinen Flügeln und seinem Hals tragen zu seiner Tarnung in der sibirischen Tundra und in der kargen Heidelandschaft bei. Wenn sich der Vogel nicht bewegt, sieht man ihn nicht. Daher kann der Goldregenpfeifer ungestört seine Eier ausbrüten. Nachdem die Jungvögel ausgeschlüpft sind, entfernen die Eltern die leeren Schalen. Damit verwischen sie Spuren, die Feinde anlocken könnten.

Goldregenpfeifer. Länge: 26 bis 29 cm. Gewicht: 140 bis 300 g.
Flügelspannweite: 67 bis 76 cm.
Lebensdauer: 12 Jahre (in Freiheit).
Großer Sandregenpfeifer. Länge: 18 cm. Gewicht: 65 cm.
Flügelspannweite: 40 cm. Lebensdauer: 10 Jahre (in Freiheit).
Brachvogel. Länge: 40 bis 50 cm. Gewicht: 500 bis 1300 g.
Flügelspannweite: 94 bis 110 cm. Lebensdauer: 31 Jahre (in Freiheit).

Kieselsteine, Sand, Grasbüschel: Dazwischen hält sich, fast unsichtbar, ein brütender Vogel auf. Er beobachtet regungslos den Spaziergänger, der sich auf ihn zubewegt. Die schwarzen und weißen Markierungen auf seinem Kopf und seiner Brust harmonieren mit den umgebenden Steinen und lassen seine Umrisse verschwimmen: Dieser Sandregenpfeifer beherrscht alle Register der Tarnung. Das Prinzip des Unsichtbarwerdens beruht auch in diesem Fall auf seiner Körperzeichnung, die seine Körperumrisse verschwimmen läßt. So gleicht sich der Vogel der umgebenden Landschaft an. Man läuft daran vorbei und bemerkt den Vogel nicht einmal (Mitte). Er läßt den Störenfried herankommen, ohne sich zu bewegen. Der Brutinstinkt ist in diesem Fall stärker als die Angst.

Im Sand und zwischen Muschelresten kauern diese drei jungen Sandregenpfeifer, die ihr Nest verlassen haben. Obwohl ihre Eltern einen Alarmschrei ausgestoßen haben, reagieren die Jungvögel darauf noch nicht unmittelbar. Erst nach einigen Tagen haben sie die Bedeutung dieser warnenden Schreie begriffen.

Dieser Sandregenpfeifer hat soeben sein Nest verlassen. Nachdem er den Körper in waagrechte Stellung gebracht hat, rennt der Vogel mit leicht zurückgelegtem Kopf und ausgesprochen schnell über den Sand. Sobald sich der Sandregenpfeifer aufrichtet, ist es um die Tarnwirkung geschehen.

Der Große Brachvogel ist unser größter Watvogel. Er brütet auf Grasländereien entlang von Flüssen, auf Mooren und auf feuchten Weiden. Das frühe Mähen der Wiesen zerstört sein Gelege, und wenn Wiesen zu Ackerland werden, geht sein Lebensraum verloren. Zunächst segelt er durch die Lüfte, läßt sich nieder, läuft einige Meter und hält dann inne. Man kann davon ausgehen, daß sich an dieser Stelle sein Nest befindet, auch wenn man es nicht ausmachen kann. Wenn sich der brütende Vogel über seine Eier setzt, ist der Nistplatz in der dichten Vegetation praktisch nicht mehr zu sehen. In dem Maße, wie Feuchtwiesen trockengelegt werden, sinkt der Bestand der Brachvögel, die sich an anderen Stellen nach geeigneten Lebensräumen umschauen müssen.

Plattfische

Kies bedeckt den sandigen Meeresboden. Fische sind auf den ersten Blick nicht zu erkennen. Oder haben wir etwa nicht genau aufgepaßt? Tatsächlich ist die ovale Linie am Meeresboden nichts anderes als der Umriß einer Seezunge, die regungslos auf dem Grund liegt. Sie gehört zu den Plattfischen, die sich optimal tarnen können. Denn sie besitzen die Fähigkeit, ihre Körperfarben auf die umgebende Wasserlandschaft vollkommen abzustimmen. Steinbutt, Seezunge, Flunder, Scholle und Kliesche kommen vor allem im Ärmelkanal und im Atlantischen Ozean vor. Die ersten drei Arten findet man jedoch auch zusätzlich im Mittelmeer. Wenn sie auf dem Sande liegend auf Beute lauern, können sie die Farbe ihrer Haut an jene des umgebenden Sandes und des Schlicks anpassen. Diesen beachtlichen Vorgang der Färbung können die Tiere selbst steuern: Die Fische imitieren nicht nur die Pigmentierung des Meeresgrundes, sondern auch dessen Aufbaustruktur, das heißt die auf dem Boden liegenden Kieselsteine. Lichtreize, die von den Augen wahrgenommen werden, erlauben diese erstaunliche Angleichung an die Unterwasserszenerie. Bemerkenswert ist dabei, in welch kurzer Zeit die Fische diesen Vorgang bewältigen. Im Vergleich zu den Chamäleons sind Plattfische in der Lage, sich wesentlich schneller und wirksamer zu tarnen . Bei der erstaunlichen Verwandlung der Plattfische spielen mehrere Faktoren eine Rolle: Neben der Stärke des einstrahlenden Lichts und der Durchsichtigkeit des Meerwassers ist die Beschaffenheit des Meeresbodens von großer Bedeutung.

Als Jungfische besitzen sie die gleiche Körperform wie die meisten übrigen Fische. Mit der Zeit jedoch wird ihr Körper zunehmend flacher, und eines ihrer Augen wandert auf jene Körperseite, die schließlich definitiv dem Licht zugewandt sein wird.

Die der Umgebung entsprechende Färbung läßt sich mit der Lebensweise der Plattfische gut erklären: Da Plattfische nicht sehr gut schwimmen können, hätten sie ohne ihre Tarnung kaum Überlebenschancen. Wenn Fischfangflotten mit ihren engmaschigen Schleppnetzen den Meeresboden „abgrasen", nützt jedoch auch diese List herzlich wenig: So ist der Bestand einiger Plattfischarten in den letzten Jahren bedrohlich gesunken. In der Regel leben Plattfische in einer Wassertiefe von 20 bis 60 Meter. Schwimmend legen sie nur kurze Entfernungen zurück.

Kliesche. Länge: 20 bis 45 cm. Gewicht: mindestens 500 bis 700 g.
Steinbutt. Länge: 40 bis 100 cm. Gewicht: 12 kg.
Seezunge. Länge: 20 bis 45 cm. Gewicht: 3 kg. Lebensdauer: über 20 Jahre.
Scholle. Länge: 40 bis 90 cm. Gewicht: 7 kg. Lebensdauer: 50 Jahre.
Flunder. Länge: 20 bis 50 cm. Gewicht: zwischen 4 und 5 kg.

In Untersuchungsreihen mit Plattfischen ist man dem Mechanismus der farblichen Anpassung auf die Spur gekommen. Mit seinen Augen nimmt der Fisch die Färbung und die Oberfläche des Meeresbodens wahr. Das Nervensystem reproduziert sodann dieses Modell auf der Haut des Plattfisches, indem spezielle Zellen, die „Chromatophoren", tätig werden. Sie enthalten Pigmente, das heißt farbige Substanzen. Links befindet sich der Fisch auf einem hellen Untergrund, rechts auf einem wesentlich dunkleren.

Löst man die Hautnerven aus der Haut eines Steinbutts heraus, dann wird der vom Kopf getrennte Körperteil nicht mehr umgefärbt. Die Tarnung hat aufgehört zu funktionieren.

Die zuständigen Körperzellen besitzen Verästelungen, die sich unter dem Einfluß eines durch die Augen aufgenommenen und über die Nervenbahnen weitergeleiteten Reizes ausbreiten. Durch Ausweiten und Zusammenziehen verändern diese Verästelungen die Hautfarbe des Fisches.

Beim Steinbutt (linke Abbildung) sind die von Knötchen umrandeten Augen auf der linken Körperseite angebracht. Die Seezunge (Mitte) hat ihre Augen auf der rechten Seite. Die Körperkonturen der Seezunge entsprechen ziemlich genau einem Oval. Die graue Haut der Scholle weist bisweilen orangerote Flecken auf. Ihr Maul ragt deutlich über den vorderen Körperteil hinaus.

Die Hauptfeinde der Plattfische sind andere Plattfische. Die Rochen, die zu den Haien gehören und ähnlich flach gebaut sind wie die Plattfische, halten sich auch am Meeresboden auf. Sie können schnell schwimmen und sind sehr wendig. Der Zitterrochen stürzt sich mit einer geschickten Flossenbewegung auf eine Kliesche (Abbildung unten). Aber auch andere Fische, wie etwa der Kabeljau, stellen den Plattfischen nach.

Der Triel

Durch sein graubraunes und schwarz gestreiftes Federkleid hervorragend getarnt, entzieht sich dieser Vogel geschickt dem Blick seiner Feinde. Wenn er sich in eine Ackerfurche duckt und dort reglos sitzenbleibt, ist er praktisch unsichtbar, denn er hebt sich farblich nicht von seiner Umgebung ab. Aus der Ferne betrachtet, unterscheidet sich sein großer Kopf und sein Rücken fast nicht von den bräunlichen Erdklumpen der Kulturfläche. Wer den Triel näher begutachten will, muß sich schon sehr nahe heranbegeben. Seine großen Augen sind ebenso gelb wie seine Füße, die untere Fläche seines Körpers ist weiß und rötlich gefärbt. Da der Vogel indessen als ausgesprochen scheu gilt, sucht er bei herannahender Gefahr unverzüglich das Weite. So entfernt sich der Triel zunächst mit langsamen Schritten und fliegt schließlich davon.
In Deutschland sind Triele ausgestorben. Wer Triele sehen will, muß ins Elsaß oder in die regenarmen Gebiete des französischen Südens, etwa in die Crau, im Bereich der Rhônemündung gehen. Auch auf den Ebenen der Picardie, der Champagne in Ostfrankreich und der Beauce, zwischen Paris und Orléans sind Triele noch zu Hause. Den Winter verbringen sie in Südeuropa oder in Nordafrika, manchmal sogar in Ländern südlich der Sahara.
Der Triel liebt Heideflächen, trockene Graslandschaften, steiniges Gelände und Äcker. Er hält sich fern von stark besiedelten Orten. Die zunehmende Industrialisierung der Landwirtschaft hat dazu geführt, daß er in den letzten Jahren immer seltener wurde. Tagsüber fällt der Triel nicht sonderlich auf: Er pflegt sein Federkleid oder frißt. Bei Anbruch der Dämmerung wird der Vogel aktiv, und bei Mondschein sind seine lauten Schreie, die denen des Brachvogels ähneln, unüberhörbar. Watvögel haben in der Regel lange Beine und leben wie die Reiher in der Nähe von Fluß- und Seeufern. Der Triel gehört zu jenen Watvögeln, die sich vorwiegend auf dem Boden vorwärtsbewegen. Dies wird schon deutlich, wenn man die kräftig gebauten Füße des Triels näher betrachtet: Offensichtlich ist dieser Vogel daran gewöhnt, große Strecken auf dem Landweg zurückzulegen.
Ein Vogel hält in der Nähe des Nests Wache, während der andere auf den Eiern sitzt. Gewöhnlich sieht man zuerst den Wache stehenden Vogel. Schnell läuft er am Boden entlang und fliegt dann auf. Natürlich sieht man dem auffliegenden Vogel nach, und dabei entgeht es dem Beobachter, wie der brütende das Nest verläßt. Aber gewöhnlich ist das Nest eben dort, wo man den Vogel zuerst gesehen hat.

Länge: 39 cm.
Gewicht: 290 bis 535 g.
Flügelspannweite: 76 bis 85 cm.
Lebensdauer: 15 bis 16 Jahre (in Freiheit).

Das Trielnest ist denkbar einfach gebaut: Der Vogel legt hierzu eine Mulde an. Darin liegen neben Blattresten wohl eher zufällig auch Kaninchenexkremente. Das Trielweibchen legt zwei graugelbe oder grünliche Eier mit dunkelbraunen Flecken. Sie sind von den Kieselsteinen der Umgebung kaum zu unterscheiden.

Die Legezeit ist im April. Wenn die Jungvögel ausschlüpfen, bleiben sie dicht aneinandergekuschelt. Wenn sie zwei Tage alt sind, können sie bereits laufen und folgen ihren Eltern. Stoßen die erwachsenen Tiere einen Warnschrei aus, dann ducken sich die Jungvögel sofort flach auf den Boden.

Die dicht über der Ackeroberfläche fliegenden Triele fallen nicht auf, da sie keine weitausholenden Flügelbewegungen machen und damit die weißen Flächen unter den Achselhöhlen unsichtbar bleiben. Die zwei schwarz umrandeten Streifen auf ihren Schwingen können nur schwer wahrgenommen werden.

Der Triel stößt eine Reihe von Schreien aus (mehrere Dutzend hintereinander), die man über mehr als einen halben Kilometer Distanz vernehmen kann. Wenn zwei bis drei Vögel bei hellem Mondschein zusammentreffen, kann sich der Zuhörer auf ein durch seinen Lärm beeindruckendes Vogelkonzert einstellen.

Manche Triele verbringen die widrige Jahreszeit in Spanien oder Portugal. Der unten abgebildete Vogel hat sich auf einer kastilischen Hochebene niedergelassen. Gleich wie auf den Ackerlandschaften Nordfrankreichs, wo er zuvor genistet hat, ist der Triel durch die Färbung der Vegetation bestens getarnt. Die Tönung der welken Gräser entspricht den Farben der rötlich umrahmten Rückenfedern. Triele, die in Frankreich, Großbritannien und den Niederlanden beringt worden waren, sind später in Spanien wiedergefunden worden. Sie bleiben von Oktober bis Februar auf der iberischen Halbinsel. Der Triel nistet nicht nur in Europa, sondern auch in Nordafrika, im Nahen Osten und in Asien. Er wird auch Erdbrachvogel genannt.

Das Haselhuhn

Kaum hat man das Tier erspäht, so verschwindet es auch schon flugs zwischen den Bäumen und verursacht dabei noch nicht einmal das geringste Geräusch. Das Haselhuhn gilt als schneller Läufer, der über Baumstämme hüpft, seinen Weg unbeirrt fortsetzt und sich schließlich direkt auf dem Boden niederläßt oder davonfliegt. Ganz gleich, wie die Oberfläche der natürlichen Umgebung beschaffen ist, das Haselhuhn überwindet mit großem Geschick alle Hindernisse und ist dank seines feinen, buntscheckigen Federkleides bald im sicheren Unterholz unsichtbar geworden. Der äußerst wachsame Vogel bemerkt den herannahenden Menschen, lange bevor dieser das Tier zu erblicken vermag. Wer ein Haselhuhn beobachten will, muß also ausgesprochen viel Geduld mitbringen.

Haselhühner leben in Mischwäldern mit viel Unterholz und vielen offenen Flächen. Sie wählen sich solche Bezirke, in denen es Birken, Ebereschen, Hasel und Erlen gibt, sowie beerentragende Sträucher. Gern halten sich Haselhühner in Buschwäldern auf, die es früher in vielen Bereichen gab. Alle acht bis zehn Jahre wurden die Wälder vollkommen abgeschlagen. Die Eichenrinde wurde gewonnen, um sie zum Gerben zu benützen. Das Holz wurde zu Haus im Herd verbrannt. Heute sind diese Wälder unwirtschaftlich geworden. Den Lebensraum Niederwald gibt es fast nicht mehr und damit weniger Lebensräume für das Haselhuhn. In den Alpen findet man Haselhühner in Lawinenrunsen, in niedrigen Gebüschen, die zum Beispiel mit Grünerlen bestanden sind. Im Winter hingegen hält sich das Haselhuhn in schneereichen Gebieten, wo die weiße Pracht längere Zeit bleibt, vorzugsweise auf den Bäumen auf. Dann ernährt sich der Vogel von Buchen-, Weißbuchen- und Birkenkätzchen oder jungen und zarten Blättern. Das oben abgebildete Haselhuhn-Männchen unterscheidet sich vom Weibchen lediglich durch seinen kleinen Schopf und seine schwarze Kehle, die weiß umrandet ist. Der sonst in jeder Hinsicht unauffällige Vogel stößt das ganze Jahr über durchdringende Pfeiftöne aus, die man allerdings nur in unmittelbarer Nähe hört. Tatsächlich gibt es wenige Waldvögel, die sowohl im Winter wie im Frühling singen. Haselhuhn, Rotkehlchen und Zaunkönig sind die Ausnahmen. Während es in der Schweiz noch einen guten Bestand an Haselhühnern gibt, ist dieser Vogel in anderen Teilen Europas selten geworden.

Haselhuhn. Länge: 35 bis 37 cm.
Gewicht: 300 bis 480 g.
Flügelspannweite: 48 bis 54 cm.
Lebensdauer: 7 Jahre (in Freiheit).

Ob die Spaziergänger auf dem linken Bild wohl ahnen, daß direkt neben ihnen ein Haselhuhn saß? Der Vogel hört schon von weitem, wenn sich eine Gefahr nähert. Schließlich fliegt er davon (Mitte). Er fliegt mit verblüffender Leichtigkeit direkt über dem welken Laub geschickt an umgestürzten Baumstämmen vorbei, um schließlich im sicheren Unterholz zu verschwinden. Die zunehmende Nutzung des Waldes durch Erholungssuchende haben zusammen mit Straßenbauprojekten den Lebensraum dieses Vogels in den letzten Jahren merklich schrumpfen lassen. Auch die Umwandlung der Niederwälder in Wälder mit wenig Gebüsch setzt dem Haselhuhn zu. Das Haselhuhn zieht einen ruhigen Lebensraum vor, jeglicher Lärm vertreibt das Tier.

Im Mittel legen Haselhühner sieben bis maximal zwölf Eier, die 25 Tage lang bebrütet werden. Die Jungvögel kommen mit Dunen auf die Welt. Sie folgen ihrer Mutter, die sie vom Nest wegführt. Wenn sie drei Wochen alt sind, können sie bereits fliegen; geschlechtsreif sind die Haselhühner nach einem Jahr.

Wenn es im Winter ausgesprochen kalt wird, übernachtet das Haselhuhn in einem Loch, das es im Pulverschnee anlegt. Auf diese Weise schützt sich der Vogel gegen den Wind. Morgens durchbricht das Haselhuhn die Decke seines Aufenthaltsortes. Exkremente zeigen an, daß in der 20 bis 30 cm tiefen Schneebehausung ein Vogel lebt.

Am Fuß eines Baumes brütet das Haselhuhn-Weibchen seine Eier aus. Das Weibchen bleibt dabei unbeweglich, um keine Aufmerksamkeit auf sich zu lenken. Die verwelkten Blätter tragen zusammen mit den Rindenstücken gleichfalls dazu bei, daß der Vogel in Ruhe für den Nachwuchs sorgen kann. Das Nest ist höchst einfach gebaut: Es besteht aus einer Mulde, die mit Blättern und Grasstengeln ausgelegt wird. Die Legezeit beginnt im März und dauert beim Haselhuhn bis Mitte Mai. Gegen Ende der Brutzeit bleibt das Weibchen bei den Eiern, selbst bei unmittelbar drohender Gefahr. Später verläßt es den Nistplatz und fliegt schließlich davon.

Bodentiere

Unser Waldboden beherbergt eine unermeßlich große Zahl an Kleinstlebewesen, zu denen unter anderem Mikroorganismen, Würmer, Insektenlarven, Tausendfüßler, Spinnen und Weichtiere zählen. Die kleinsten Vertreter der Waldbodenfauna sind so winzig, daß man sie nur durch ein Mikroskop erkennen kann. Die größten dieser Lebewesen sind mit ihren zwei bis drei Zentimetern Körperlänge im Vergleich zu diesen Winzlingen geradezu Riesen. Ein Erdklumpen mit einer Oberfläche von einem Quadratmeter und einer Höhe von 30 cm enthält im Mittel eine Milliarde Kleinstlebewesen. Dabei wurde die Zahl der pflanzlichen Mikroorganismen noch gar nicht mitgerechnet. Die meisten dieser Tiere verbringen ihr Leben unter der Erdoberfläche. Man bekommt sie daher nie zu Gesicht. Andere begeben sich kurzfristig ans Tageslicht. Für eine dritte Gruppe schließlich stellt der unterirdische Aufenthalt nur einen kurzen Lebensabschnitt dar.

Die chemische Zusammensetzung des jeweiligen Bodens ist ausschlaggebend dafür, wie stark vertreten die einzelnen Gruppen sind. Handelt es sich um einen sauren und nährstoffarmen Boden, findet man dort weniger Würmer, als auf einem basischen Boden. Schließlich unterscheiden sich die im Erdreich lebenden Tiere manchmal deutlich von ihren Verwandten, die bei Tageslicht in der aus Waldblättern bestehenden Streuschicht anzutreffen sind. Die unterirdischen Bewohner haben bisweilen verkümmerte Sehorgane (Augen). Ihr Körper ist oft langgestreckt, dünn und farblos. Ihre Füße sind verkümmert. Dafür besitzen sie ausgesprochen hochentwickelte Tastwerkzeuge. Die benötigen sie, um im Erdreich vorwärtszukommen.

Obwohl die Bewohner des Erdreichs somit eigentlich Fliegengewichte darstellen, bringen sie zusammengenommen doch eine gewaltige Masse auf die Waage: Die etwa 250 000 Würmer, die in einem Hektar Waldboden wohnen, wiegen zehnmal mehr als die auf dieser Oberfläche lebenden Säugetiere, einschließlich der Rehe, die an Beerensträuchern fressen. Man kann diese unterirdischen Wesen zwar nicht sehen. Untätig sind sie jedoch keinesfalls. So sorgen die in und unterhalb der Blätterschicht lebenden Kleinstlebewesen dafür, daß Blätter, kleine Zweige, Rindenstückchen, totes Holz sowie Tierkadaver jeder Größe im Lauf der Zeit in Humus umgewandelt werden. Die Bodenwürmer ihrerseits durchmischen den Waldboden mit diesem Humus und sorgen damit gleichzeitig für Luftanreicherung. Wenn es heiß und feucht ist, ist die Waldbodenfauna besonders fleißig. Eintretende Kälteperioden bremsen die Aktivität deutlich.

Jedes Jahr im Herbst fallen die welken Blätter der Bäume auf den Waldboden. Dennoch ist dieser, „Streuschicht“ genannte, Teppich stets gleich dick. Daß die Streuschicht nicht jährlich anwächst, hängt damit zusammen, daß die Bodentiere dieses Material fortwährend zu Humus verarbeiten. Links ein dichter Teppich aus gelben, rötlichen und braunen Baumblättern, wie man ihn im Oktober vorfindet. Kleine Tiere, Pilze und Mikroorganismen werden sich bald an die Arbeit machen. Auf der rechten Abbildung sieht man, daß die Blätter des vorangegangenen Jahres bereits verschwunden sind. Würde man die welken Blätter entfernen, dann wäre eine Verarmung des Waldbodens die Folge. Feuersbrünste haben im übrigen die gleiche Wirkung.

1. Mikroorganismen mit Flimmerhärchen: 1 Milliarde
2. Nematoden (Würmer): 1 Million
3. Milben (Verwandte der Spinnen): 100 000
4. Einfache Insekten 50 000
5. Tausendfüßlerartige 300
6. Andere Insekten 150
7. Käferartige 100
8. Fliegenlarven 100
9. Kellerasseln 50
10. Spinnen 50
11. Weichtiere 50
12. Bodenwürmer 25 bis 200

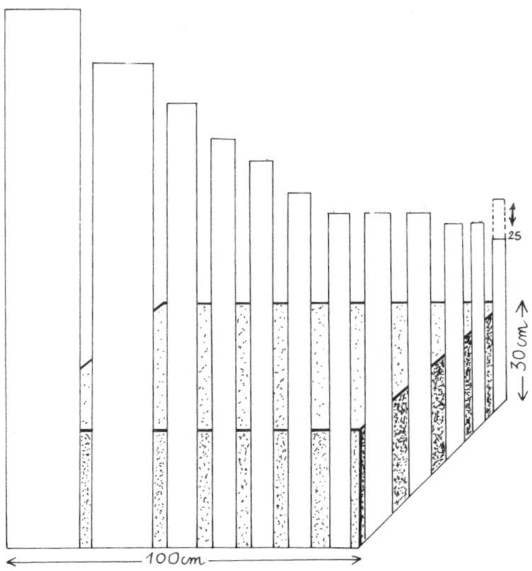

Anzahl der in einem Erdklumpen mit einem Quadratmeter Oberfläche und 30 cm Höhe vorhandenen Tiere.

Links abgebildet eine Wolfsspinne, die im Gegensatz zu anderen Spinnenarten kein Netz anlegt. Dieses Tier sucht zwischen den welken Blättern Insekten, auf die es sich sofort stürzt. Rechts zum Vergleich ein weiterer Vertreter aus der Gattung der Wolfsspinnen. Die untere Abbildung zeigt einen Tausendfüßler, der sich bei drohender Gefahr unverzüglich zusammenrollt.

Die Amsel findet den überwiegenden Teil ihrer Nahrung, indem sie die verwelkten Blätter mit ihrem Schnabel und ihren Füßen zur Seite schiebt. Dieser Vogel frißt vor allem Regenwürmer und füttert damit auch seinen Nachwuchs. Kleinschnecken, Insektenlarven, Ameisen, Weberknechte, Spinnen und Tausendfüßler gehören gleichfalls zur Nahrung dieses Vogels. Im Winter sucht die Amsel intensiv Nahrung – vor allem zur Mittagszeit und zu Beginn des Nachmittags. Selbst bei Frost findet sie Futter, da die welken Baumblätter die begehrte Bodenfauna gegen Kälte schützen.

Innere Parasiten

Die Larven einiger parasitärer Kleinwespenarten entwickeln sich im Körper anderer Larven, die als unfreiwillige Wirtstiere meist ein schlimmes Schicksal erwartet. Bevor diese Larven schließlich sozusagen innerlich „leergefressen“ zugrunde gehen, verzehren sie ihrerseits Raupen und sogar Schmetterlingspuppen. Zahlreiche Insekten, viele Wurmarten, Milben, Krebstiere und unzählige Mikroorganismen leben so auf Kosten anderer Arten. Gut untergebracht im Körper des Wirtstieres, das sie langsam aushöhlen, verbringen diese Schmarotzer entweder ihr gesamtes Leben dort oder verlassen das Wirtstier zu einem bestimmten Zeitpunkt, um sich in der Außenwelt weiterzuentwickeln. Andere Schmarotzer hingegen legen ihre Eier direkt im Organismus des Wirtes ab. Die daraus schlüpfenden Larven verzehren das Wirtstier innerlich, was unweigerlich mit dem Tod des Gastgebers wider Willen endet. Neben zahlreichen Kleinwespen gehören hierzu auch gewisse Fliegenarten sowie Mikroorganismen.

Die oben abgebildete, herrlich schillernde Goldwespe, auch Kuckuckswespe genannt, legt ihre Eier in die Nester von einzeln lebenden Bienen. Nachdem die Larven ausgeschlüpft sind, warten diese ab, bis auch die Bienenlarven ans Tageslicht gelangt sind, und fressen sie dann. Ungeachtet dieser eher unfreundlichen Verhaltensweise zählt man die Goldwespen gerne zu den schönsten Insekten der Schöpfung. Die von den Parasiten ausgewählten Raupen weisen zunächst ein völlig normales Aussehen auf. Hat sich der Schmarotzer eingenistet, ändert sich das jedoch nach kurzer Zeit. Parasitierte Raupen wachsen nicht mehr, und bald gelangen die Schmarotzer durch die Haut an das Tageslicht, um sich im Freien zu verpuppen. Ihre Anzahl hängt von der Größe des Wirtstieres ab. So legt allein das nur drei Millimeter messende Brachwespen-Weibchen bis zu 75 Eier in einer einzige Kohlweißling-Raupe ab. Bleibt die Raupe indessen von Parasiten verschont, so entsteht daraus der uns allen wohlbekannte Schmetterling mit seinen weißen Flügeln.

Eier, Larven, Puppen und erwachsene Tiere werden von den Schmarotzern gleichermaßen als Wirtstiere ausgesucht. Auch die Größe des parasitierten Insekts hat darauf keinen Einfluß: So werden selbst die winzigen Blattläuse nicht verschont. In sie legen miniaturhaft kleine Wespen ihre Eier ab. Auch Vögeln, Säugern und Fischen droht dieses Schicksal. Obwohl die Wirtstiere in jedem Fall geschwächt werden, führt die Anwesenheit eines Schmarotzers nicht immer unweigerlich zum Tode. Wenn jedoch das Wirtstier zunehmend schwächer wird, nimmt schließlich seine Widerstandskraft gegenüber Krankheiten erheblich ab.

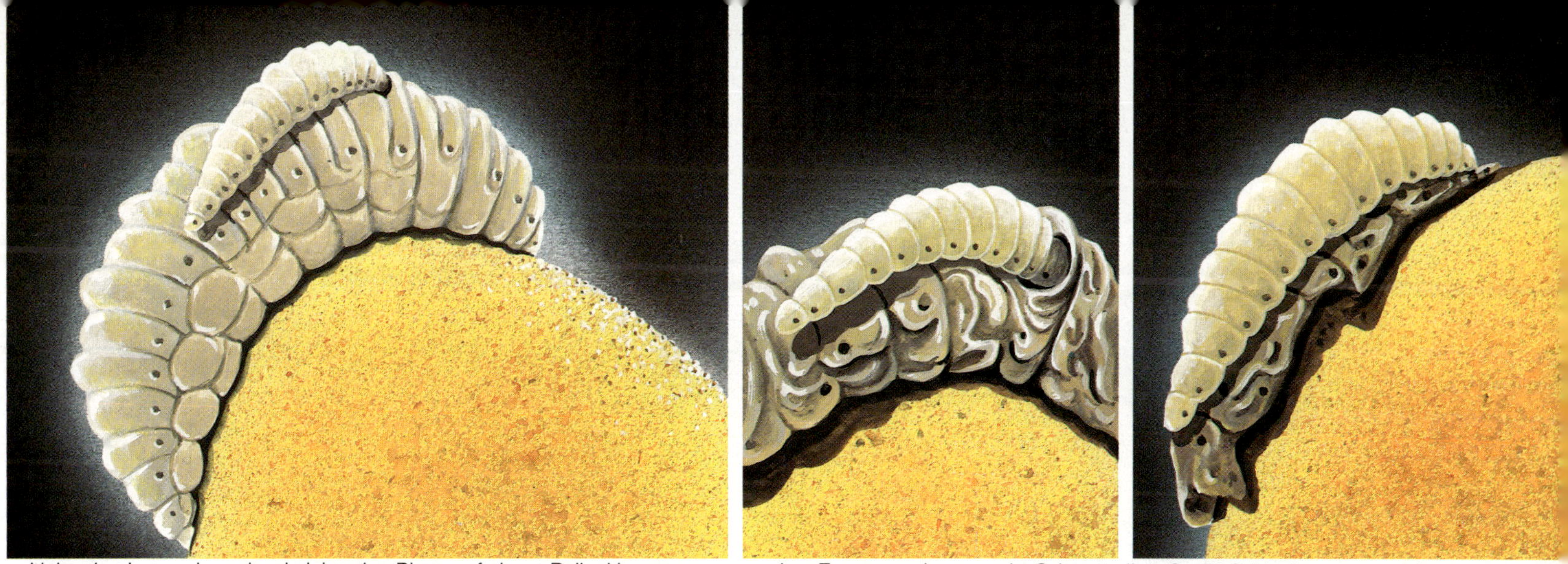

Links eine Larve einer einzeln lebenden Biene auf einem Pollenklumpen, von dem sie sich ernährt. Eine Goldwespenlarve hat sich auf die Bienenlarve geschoben und dringt langsam in das Wirtstier ein (Mitte). Auf der rechten Abbildung ist von der Bienenlarve nicht mehr als eine leere Hülle übriggeblieben. Schlupfwespenlarven parasitieren die Larven der Wickelraupe, ein in den Wäldern Europas vorkommender Schmetterling. Gut 50 Schlupfwespenarten legen ihre Eier in diese Larven ab. Da sich das Leben dieser Insekten vornehmlich in den Baumwipfeln, in Stengeln und an anderen gutgeschützten Orten abspielt, weiß man praktisch nichts über das Leben der parasitären Larven.

Der Bandwurm parasitiert den Menschen, in dessen Darm er sich einnistet. Im Anfangsstadium wird er seiner geringen Größe wegen häufig nicht bemerkt (endgültige Größe: zwischen zwei und vier Metern). Er ernährt sich von den Speisen, die im Körper verdaut werden, und führt mit der Zeit zu Gewichtsverlust. Bandwurmlarven finden sich vor allem in halbgarem Schweinefleisch.

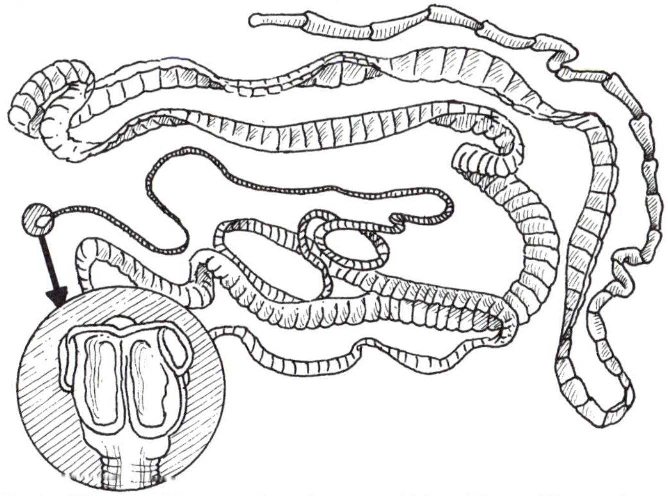

Winzige Tierchen leben als Parasiten sowohl in größeren Tieren als auch im Menschen. Sie sind so klein, daß man sie mit bloßem Auge nicht erkennen kann. Gewisse Organismen erzeugen schwere Krankheiten, wie etwa das Sumpffieber oder die Schlafkrankheit. Diese wird durch einen, Trypanosom genannten, Erreger hervorgerufen, der in Afrika vorkommt. Er mißt nur den 15tausendsten Teil eines Millimeters und wird von der Tsetse-Fliege übertragen.

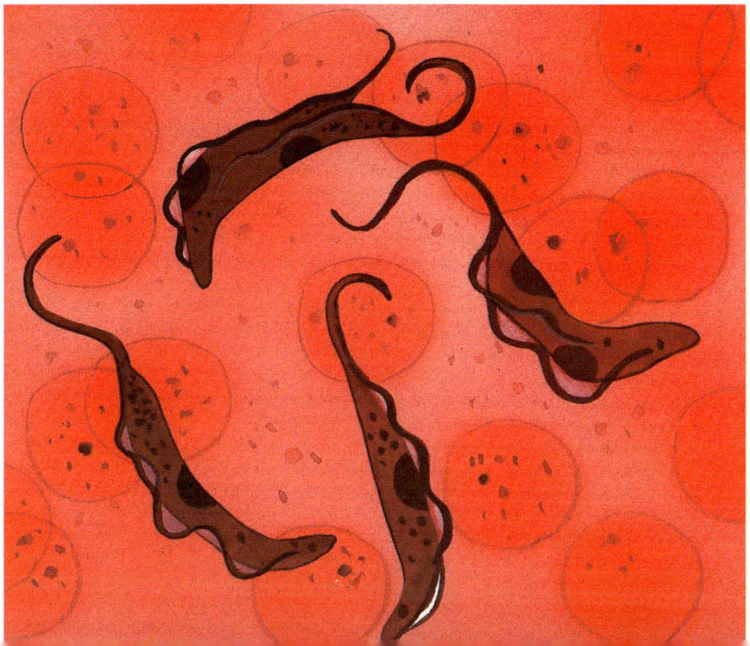

Diese Pferdespulwurm-Larven wachsen im Verdauungstrakt des Pferdes heran. Die Eier dieses Wurmes werden zunächst auf dem Fell des Pferdes abgelegt. Zehn Tage später schlüpfen die Larven. Diese gelangen in den Magen des Pferdes, wenn sich das Tier mit seiner Zunge über das Fell fährt. Wenn sie in großer Zahl vorkommen, verursachen sie Reizungen.

Jungvögel

Im Gras der Böschung versteckt liegt eine kleine Mulde, die zunächst wie zahllose andere Bodenvertiefungen von nur geringem Interesse zu sein scheint. Wer jedoch genau hinsieht, entdeckt in der Mulde vier Jungvögel, die regungslos auf die Rückkehr ihrer Eltern warten. Die noch flugunfähigen Tierchen scheinen in diesem Stadium allen Gefahren schutzlos ausgeliefert zu sein; doch nur wenige Tage, nachdem sie das Nest verlassen haben, gelingen den kleinen Goldammern auch bereits die ersten erfolgreichen Flugversuche. Mit ihrem braunschwarz gestreiften Gefieder fallen sie farblich im Halbschatten der dichten Bodenvegetation nicht auf. Die Goldammer schützt sich auf denkbar einfache Art und Weise vor ihren Feinden: Die mit einem unauffällig gefärbten Gefieder ausgestatteten Tiere bewegen sich nicht und werden daher nicht wahrgenommen. Sowohl Jung- als auch Altvögel zeichnen sich durch eine bemerkenswerte Geduld aus: Wenn sich ihrem Nest ein Mensch genähert hat, ohne sie entdeckt zu haben, dann bleiben der Nachwuchs und die fern vom Nistplatz stehenden Eltern ruhig und warten darauf, daß der Eindringling abzieht. Die zu den Singvögeln zählenden Schmätzer, Pieper, Lerchen und Ammern nisten direkt auf dem Boden. Sie verbergen ihren Nistplatz so geschickt, daß seine Entdeckung häufig unmöglich ist. Außerdem befinden sich die Eltern stets einige Meter vom Nest entfernt. Wenn sie zu den Jungvögeln zurückkehren, wählen sie ihren Weg durch die dichte Vegetation, um keinen Feind auf die Jungen aufmerksam zu machen.
Die Goldammer vermeidet ausgedehnte Ebenen, auf denen weder Bäume noch Sträucher wachsen. Dieser Vogel benötigt als Lebensraum Gebiete mit Hecken, Baumgruppen und Buschwerk im Wechsel mit Wiesen und Kulturflächen. Bisweilen entdeckt man ihn auch in Waldschneisen, in denen die jüngeren Bäume stehengelassen wurden. Sobald diese Bäume jedoch eine gewisse Größe erreichen und der Einschlag wieder zugewachsen ist, zieht sich die Goldammer an den Waldrand, auf brachliegendes Gelände oder an Böschungen zurück. Sie zählt zu jenen Vogelarten, die sich regelmäßig auf den Überlandleitungen am Straßenrand niederlassen. Dort ist natürlich eine wirkungsvolle Tarnung ausgeschlossen. So kann der Vogelfreund dann wenigstens das herrliche gelbe Gefieder des Goldammer-Männchens gebührend bewundern. Sobald der Winter zu Ende ist, fällt das Männchen mehrere Monate lang durch seinen stets unveränderten Gesang auf.

Goldammer. Länge: 16 cm.
Gewicht: 27 g.
Flügelspannweite: 26 cm.
Lebensdauer: 12 Jahre (in Freiheit).
Schläfer. Länge: 20 cm.

Dieser Vogel, der auf den südamerikanischen Ebenen vorkommt, stellt sich einfach tot, wenn er angegriffen wird. Auf der linken Abbildung ist solch ein Vogel, der sich auf dem Boden aufgehalten hatte, von einem Hund gestört worden. Er legt sich unverzüglich auf die Seite, stellt die Federn und schließt die Augen zur Hälfte. Sein geflecktes Gefieder gereicht dem regungslosen Tier zur Tarnung. Den Vogel in der Vegetation dann noch zu entdecken, fällt nicht leicht. Die Technik des „Totstellens" verwirrt den Angreifer, der wenig Anstalten macht, eine reglos vor ihm liegende Beute zu fressen.

Diese jungen Brachpieper besitzen ein schwarz gestreiftes Gefieder in den Farben beige und graubraun. Diese Farben entsprechen dem Öldland, auf dem sie etwa eine Woche zuvor auf die Welt gekommen sind. Wenn sich die Jungtiere im Nest zusammenkuscheln, sind sie für den Menschen und für Greifvögel praktisch unsichtbar. Ausnahmen bestätigen die Regel.

Die junge Zwergohreule (Verbreitungsgebiet: Mittelmeerraum) ist zweifellos eine Meisterin auf dem Gebiet Tarnen und Täuschen. Dank seiner feingestrichelten und gepunkteten Federn ist das Tier praktisch nicht wahrzunehmen. Die Zwergohreule lebt überwiegend südlich der Loire.

Wenn die jungen Baumläufer das Nest verlassen, besitzen sie bereits scharfe Krallen und kräftige Beine, mit denen sie gut klettern können. Wer Baumläufer auf einem Stamm beobachten will, der braucht ein scharfes Auge. Ihr buntscheckiges Gefieder harmoniert farblich mit dem Efeu und dem Schatten der rissigen Baumrinde.

Stabheuschrecken

Sanft wiegen sich die braunen und grünen Stengel des Strauches im Wind. Plötzlich machen sich einige Stengel selbständig und beginnen ihren Standort zu wechseln. Oder handelt es sich womöglich nur um eine optische Täuschung? Nein, es gibt sie wirklich, diese Stabheuschrecken. Die Vertreter dieser Insektenarten werden bisweilen sehr lang, die größten Exemplare mit 33 Zentimeter leben in Südostasien. Ihre Ähnlichkeit mit echten Stengeln ist so ausgeprägt, daß man sie praktisch nicht wahrnimmt, zumal sie sich tagsüber nicht bewegen. Erst bei Einbruch der Dämmerung kommt Leben in diese Insekten. Dann fressen sie von den Blättern jener Pflanzen, auf denen sie sich aufhalten.
Insgesamt drei Arten dieser Stabheuschrecken kommen in den südfranzösischen Landschaften Provence und Languedoc vor. Es handelt sich dabei um Gespenstheuschrecken, die bisweilen auch „Teufelsstäbe“ genannt werden. Sie werden allerdings nicht länger als 10 Zentimeter. Sie besitzen die gleiche Farbe wie die Unterlage, auf der sie sich aufhalten. Nachts kann man sie nicht wahrnehmen, da ihr Körper eine dunklere Färbung annimmt. Diese Weltmeister der totalen Tarnung sind auch auf dem Gebiet der Fortpflanzung einzigartig: Bei etlichen Arten ist die Zahl der Männchen bedeutend geringer als die Zahl der Weibchen, die außerdem größer sind als ihr männlicher Gegenpart.
Die von den Weibchen gelegten Eier müssen nicht befruchtet werden. Aus den etwa 1000 Eiern, die ein Weibchen zu produzieren in der Lage ist, schlüpfen lediglich drei bis vier Männchen. Die Entwicklung des Embryos hängt von der umgebenden Temperatur ab. Bei 23 Grad ist dieser Vorgang nach 80 Tagen abgeschlossen; sinkt die Quecksilbersäule auf 16 bis 18 Grad, dauert dies 105 bis 140 Tage.
Wenn man die Eier einer Gespenstheuschrecke während des ersten Monats der Embryonalentwicklung ein bis zwei Wochen einer Temperatur von 30 Grad aussetzt, schlüpfen Insekten, die den Männchen gleichen. Wenn hingegen die Eier kürzere Zeit denselben Temperaturverhältnissen ausgesetzt werden, schlüpfen legefähige Weibchen. Die Eier gleichen Körnern mit einer harten, braungefärbten Umhüllung, die häufig mit reliefartig verlaufenden Linien gezeichnet sind.
Die Gespenstheuschrecke verfügt bei unmittelbarer Gefahr über mehrere Abwehrtechniken. Neben ihrer Fähigkeit, das Aussehen von Strauchstengeln zu imitieren, kann sie sich auch plötzlich zu Boden fallen lassen und sich totstellen. Einige tropische Arten verteidigen sich mit Hilfe einer Ausscheidung aus ihren Rückendrüsen. Eine weitere Gruppe schließlich besitzt auf ihren Beinen einen Stachel, mit dem sie selbst die menschliche Haut durchdringen kann. Manche Stabheuschrecken erzeugen bei unmittelbarer Bedrohung ein rhythmisches Geräusch. Wenn es einem Feind jedoch bereits gelungen ist, mit seinem Maul ein Bein zu packen, dann opfern sie diesen Körperteil und flüchten mit den restlichen Gliedmaßen.

Die Schaumzikade (oben links, sieben bis neun Millimeter groß) lebt auf Weidenblättern, von deren Saft sie sich ernährt. Nachdem die Larve ausgeschlüpft ist, verbirgt sie sich in einer Schaummasse, die sie durch Anreicherung des verdauten Blattsaftes mit Luft produziert (Abbildung Mitte). Diese weiße und klebrige Masse wird regelmäßig erneuert. Die „Kuckucksspucke" ist zwar gut zu sehen, anscheinend bietet sie dem Insekt jedoch einen ausreichenden Schutz vor Feinden. Häufig befinden sich mehrere Larven in einem Schaumgebilde, von dem bisweilen ein Teil abbricht. Andere Schaumzikaden leben auf Gräsern.

Das wegen seines Erscheinungsbildes wohlbekannte Goldauge mit seinen großen Flügeln verbringt den Winter gern in menschlichen Behausungen. Seine Larven setzen vor allem Blattläusen nach und tarnen sich, indem sie die Überreste ihrer Opfer und kleine Rindenstücke auf ihren Rücken laden.

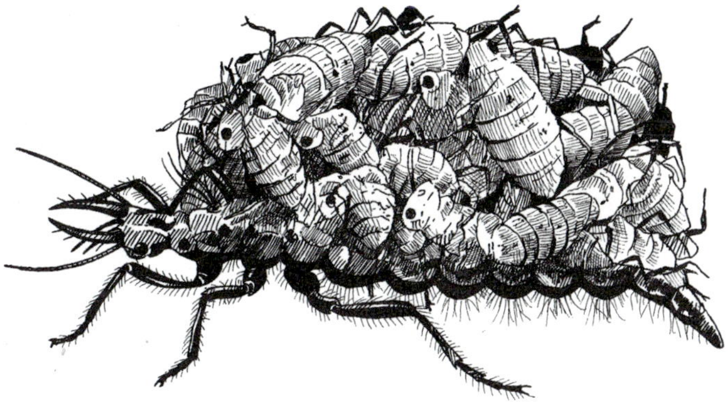

Die Larve der Staubwanzen bedeckt sich mit Staub, der den gesamten Körper verhüllt. Nur die Fühler bleiben frei. So getarnt gleicht sie nur noch entfernt einem Insekt. Die Staubwanze lebt in menschlichen Behausungen, wo sie Bettwanzen und andere Plagegeister frißt. Ihre Stiche sind ausgesprochen schmerzhaft.

Die Zwergmotte ist ein winzig kleiner Schmetterling, dessen Larve in den Blättern von Buchenhecken eine Art Tunnel anlegt. Das ausgesprochen platte Insekt ist dabei so geschickt, daß das Blatt nicht bricht. Lediglich die farblosen Stellen um den Hohlraum des Blattes herum deuten auf seine Anwesenheit hin.

Der Steinmarder

Wenn nachts ein Heidenlärm auf dem Dachboden die Hausbewohner aus dem Schlaf reißt, ist nicht immer ein Einbrecher am Werk. Nicht selten ist der unerwünschte Störenfried ein Steinmarder, der sich mit seiner Familie im Durcheinander des Speichers pudelwohl fühlt. Solch einen Steinmarder etwa bei Mondschein in flagranti (obige Abbildung) zu erwischen, ist jedoch nicht eben leicht. In wenigen Sekunden macht er sich aus dem Staub und läßt im Winter lediglich seine Pfotenabdrücke im Schnee oder Kotspuren auf dem Speicher zurück. Der Steinmarder zählt zweifelsohne zu den geheimnisvollsten Tieren, die sich nahe menschlicher Behausungen (manchmal auch im Haus selber) wohl fühlen. Bisweilen lebt er auch im Wald, fernab jeglicher Siedlung, oder in Steinbrüchen. Regelmäßig nähert er sich jedoch Weilern und Dörfern und wagt sich sogar in die Wohngebiete der Städte, vorausgesetzt es gibt dort ausreichend Gärten und Parkanlagen, wo der Steinmarder Früchte finden und Vögel jagen kann. Tagsüber läßt nichts auf seine Anwesenheit schließen; nur Kothaufen, Eierschalen, Federn und Fellreste deuten darauf hin, daß dort der Steinmarder weilte. In Frühlingsnächten jedoch erzeugen junge und alte Tiere einen Höllenkrach. Dann hört man ein wildes Trampeln, begleitet von durchdringenden Schreien, worauf ebenso schlagartig wieder Stille eintreten kann. Die Steinmarder ziehen ruhige Orte vor, an denen sie sich ungestört bewegen können. So kommt es vor, daß sie bisweilen jahrelang die gleichen Speicher aufsuchen. Zwischen Strohballen, Kisten, Lumpen und Altpapier bauen die erwachsenen Tiere eine Art Nest, in dem auch die Jungen geboren werden.

Der Steinmarder steht im Ruf, sehr blutrünstig zu sein. Dies verdankt er sicherlich dem Umstand, daß er bisweilen in Hühnerställe einbricht und, durch das ängstliche Gegacker der Hühner in eine Art „Blutrausch“ versetzt, wesentlich mehr Tiere umbringt, als er überhaupt fressen kann. Der Steinmarder hat es jedoch nicht nur auf Geflügel abgesehen; er begnügt sich in der Regel mit Feldmäusen, Ratten, Wald- und Hausmäusen und frißt auch große Insekten und Vögel wie etwa Elstern, Krähen, Spatzen und Drosseln. In den Städten fängt er gern Tauben. Im Sommer frißt der Steinmarder Früchte, die dann die Hälfte seiner Nahrung ausmachen. Hinzu kommen noch die aus den Mülltonnen geborgenen Abfälle. Der Steinmarder gilt als ausgesprochen genügsames Lebewesen. Obwohl der Mensch immer stärker in die Umwelt eingreift und die Landschaft zersiedelt, fühlt sich der Steinmarder in seiner Nähe offenbar wohl.

Länge: Körper: 41 bis 49 cm. Schwanz: 23 bis 26 cm.
Gewicht: 1,3 bis 2,3 kg.

Ein Steinmarder bricht in den Hühnerstall ein (links). Die Bewohner, die durch einen Biß in den Nacken getötet werden, können ihm nicht ausweichen. Nach seiner Mahlzeit bleiben nur Federn übrig. Anschließend nimmt der Marder mit großem Geschick Hühnereier in die Schnauze und verläßt den Stall. Dann bohrt er mit den Zähnen ein Loch in die Schale und holt den Inhalt mit seiner Zunge heraus.

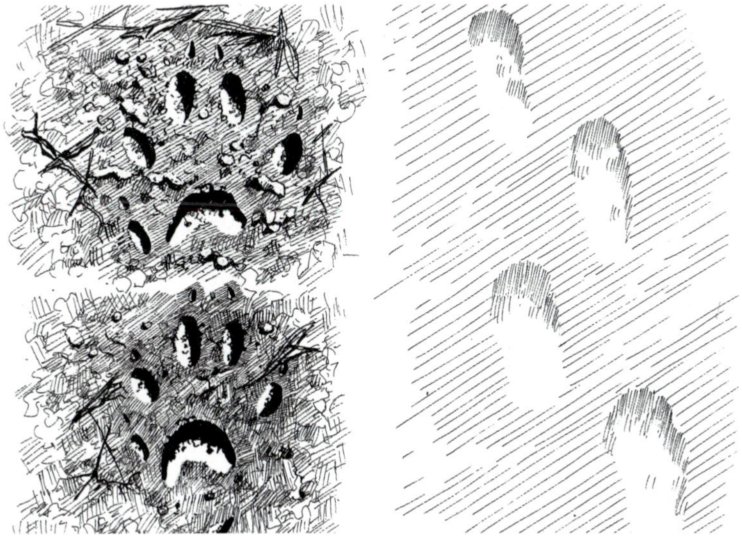

Die Pfotenabdrücke eines Steinmarders ähneln sehr stark denen des Edelmarders. Die Abdrücke des Edelmarders sind jedoch weniger deutlich umrissen, da der untere Teil der Pfote mit einer Winterbehaarung bedeckt ist.

Die jungen Steinmarder entwickeln sich sehr langsam: Erst nach fünf Wochen öffnen sie die Augen. Mit zwei Monaten wagen sie die ersten Schritte aus dem Nest.

Diese tote Ratte und einige Kotspuren zeugen davon, daß in der Scheune ein Marder war oder hier seine Behausung hat. Die Kotwürste des Steinmarders sind acht bis zehn Zentimeter lang und einen Zentimeter dick. Wenn der Steinmarder einen Vogel verschlungen hat, bleiben nur die Federn übrig. Dabei ist der Federkiel glatt durchgebissen. Wenn man mit äußerster Vorsicht in eine nicht mehr genutzte Scheune schleicht, kann man manchmal einen Steinmarder überraschen. Dann sieht man auch gut den Kontrast zwischen seinem braunen Rücken und dem weißen Kehlfleck, der sich bis in die Pfoten hinab gabelt.

Afrikanische Witwenvögel

Mit nach hinten gebogenem Kopf, offenem Schnabel und stolzgeschwellter Brust thront der prächtig gefiederte Vogel auf einem Buschzweig. Mit seiner herrlich langen, schwarzen Schleppe ist das Männchen des afrikanischen Paradies-Witwenvogels (Abbildung oben) in der eintönigen Savannenlandschaft des Schwarzen Kontinents eine willkommene Abwechslung. Plötzlich hüpft der kleine Vogel auf den Boden und stolziert mehrmals von links nach rechts. Dann schwingt er sich in die Lüfte, stößt dabei einige Schreie aus und erfreut den Betrachter mit einer eindrucksvollen Flugschau. Spiralförmig schraubt sich der Vogel rund 100 Meter in die Höhe. Im Sturzflug nähert er sich sodann wieder der Erde und setzt sich erneut auf einen Busch. Die nur in Afrika vorkommenden Paradieswitwen zählen zu den kleinen Sperlingsvögeln. Auch sie fallen durch parasitäres Verhalten auf: Paradieswitwen schmarotzen bei ihren Verwandten, den Prachtfinken.
Beim europäischen Kuckuck ähneln lediglich die Eier denen des parasitierten Tieres. Bei den Witwenvögeln indessen ist die Kunst der Täuschung weit stärker entwickelt. Die meisten Witwenvogelarten (insgesamt gibt es etwa 15 Arten) parasitieren nur eine Prachtfinkenart. Dabei imitiert das Witwenvogel-Männchen originalgetreu den Gesang des Prachtfinken. Einen schmarotzenden Jungvogel von Prachtfinkenjungen zu unterscheiden, ist fast ein Ding der Unmöglichkeit. Verhaltensweise, Größe, Lautäußerungen und Hautfarbe bis zu den farbigen Flecken an Kehle und am Schnabelrand sind identisch.
Diese Übereinstimmung gewährleistet, daß der artfremde Vogel von seinen Adoptiveltern nicht verlassen oder verstoßen wird. Denn Prachtfinkeneltern füttern lediglich jene Jungvögel, die genau gleich aussehen wie ihr eigener Nachwuchs.
Die engen Verbindungen zwischen den Witwenvögeln und ihren Wirtstieren dauern nur während der Fortpflanzungszeit. Diese Periode fällt in aller Regel mit der Regenzeit zusammen. Die Witwenvögel legen dann gleichzeitig mit den Prachtfinken ihre Eier. Zuvor vergewissern sie sich jedoch, daß die Wirtsvögel bereits zwei bis drei Eier in ihr Nest gelegt haben. Der junge Witwenvogel lebt in bestem Einvernehmen mit den kleinen Prachtfinken, die fast zeitgleich mit dem fremden „Gast" flügge werden. Dadurch lernt der junge Witwenvogel die charakteristischen Merkmale seiner Gefährten kennen, die er möglicherweise im darauffolgenden Jahr parasitieren wird. Nach dem Nestbau verlieren die Witwenvogel-Männchen ihr herrliches Gefieder.

Paradieswitwe. Länge des Männchens mit seiner Schleppe: 38 bis 41 cm. Weibchen: 13 cm.
Fischer-Witwenvogel. Männchen mit Schleppe: 28 cm. Weibchen: 10 cm.

Die Prachtfinken legen ihr Nest in dornenreichen Büschen oder hochwachsenden Savannengräsern an. Das Nest gleicht einem Ofen mit einem seitlichen Eingang und einem kuppelartigen Dach. Links auf der Abbildung befindet sich ein Prachtfinkennest mit einem unvollständigen Gelege. Da die Eier noch nicht ständig bebrütet werden, kann das Weibchen des Fischer-Witwenvogels dort noch schnell und unbemerkt ein Ei hinzulegen. Rechts: Das hinzugefügte Ei unterscheidet sich von den Prachtfinken-Eiern nicht im geringsten, denn alle Eier sind weiß und besitzen die gleiche Größe (15,5 x 12,2 mm). Es wird von den Prachtfinken also überhaupt nicht bemerkt. Pro Nest legen die Witwenvögel zwar nur ein einziges Ei, allerdings beglücken sie mindestens sechs fremde Nester mit ihren Eiern.

Links ein junger Prachtfink, rechts ein junger Witwenvogel. Ihre Kehlen sehen genau gleich aus. Bei den meisten Prachtfinkenarten ist dieser Körperteil durch drei bis fünf schwarze oder violette Streifen verziert. Außerdem weist der Schnabelrand kugelförmige und glänzende Auswüchse auf, die weißlich, bläulich oder gelblich gefärbt sind.

Dieser junge Witwenvogel wird zusammen mit Prachtfinken aufgezogen. Die Fütterung durch die Adoptiveltern nimmt einige Zeit in Anspruch. Der erwachsene Vogel muß nämlich zuerst die aufgenommene Nahrung – vornehmlich Körner – in kleinen Mengen wieder von sich geben, bevor er sie in den Schnabel der Jungvögel stecken kann.

Das oben sitzende Fischer-Witwenvogelmännchen erkennt man an seinen langen gelben Schwanzfedern (bei den anderen Witwenvögel sind diese Federn schwarz). Darunter thront ein Blaubrust-Prachtfinkenmännchen, das von den Fischer-Witwenvögeln parasitiert wird. Altvögel der beiden Arten weichen in ihrem Aussehen indessen stark voneinander ab.

Höhlentiere

Die meisten Lebewesen fühlen sich in Höhlen, abgeschnitten vom Tageslicht, nicht lange wohl. Manche Tiere verirren sich zwar immer wieder in diese unterirdischen Gänge; sie treten jedoch schneller die Flucht ans Tageslicht an, als sie hineingekommen sind. Andere Lebewesen ziehen sich nur kurzfristig in die dunklen Verließe zurück. Nur eine kleine Zahl von Tieren verdient zu Recht den Namen „Höhlenbewohner", da sie die Höhlen nie verlassen und sämtliche Lebensabschnitte in der Dunkelheit verbringen, ohne jemals einen Sonnenstrahl gesehen zu haben. Es handelt sich fast ausnahmslos um kleinwüchsige Lebewesen: Insekten, Krebstiere, Spinnen, Tausendfüßler, Höhlenasseln, einige Fischarten, die in den unterirdischen Wasserläufen leben, sowie mehrere eigenartig aussehende Amphibien, die in Europa und Nordamerika vorkommen. Wirkliche Höhlenbewohner gibt es genaugenommen nur wenige, wenn man diese zahlenmäßig mit den Lebewesen auf der Erdoberfläche und in den seichten Gewässern vergleicht.
Höhlenforscher und Wissenschaftler studieren das Leben der Höhlentiere in speziellen, unterirdisch eingerichteten Laboratorien. Es ist gar nicht einfach, diese Tiere überhaupt wahrzunehmen: Sie sind häufig blind, ihr Körper ist nur schwach gefärbt. Im Falle der Insekten sind die Flügel verkümmert. Da sie häufig nur sehr eintönige Nahrung in geringen Mengen finden, ist ihr Wachstum verlangsamt. Tonhaltiger Schlamm und die Überreste verstorbener Artgenossen enthalten nicht unbedingt ausreichend Nährstoffe, die ein aktiveres Leben ermöglichen. Manche Höhlentiere haben die Fähigkeit entwickelt, monatelang, ja sogar über Jahre hinweg, ohne Nahrung auszukommen.
Die Weibchen der Höhleninsekten legen mehrere große Eier, bisweilen beschränkt sich die Zahl auf ein Ei. Die Larven wachsen weit weniger schnell als die bei verwandten Arten, die oberirdisch leben. Die Larven der Brunnenkrebse benötigen für diesen Vorgang zwei bis drei Monate, ihre im Süßwasser lebenden Verwandten sind in zwei bis drei Wochen ausgewachsen. Die geringe Aktivität und die zeitlich verlangsamten Entwicklungsphasen werden dadurch ausgeglichen, daß die Tiere im Dunkeln ausgesprochen langlebig sind. So werden die Brunnenkrebse bis zu zehn Jahre alt. Der in den Grotten Jugoslawiens lebende Grottenolm, ein Verwandter des Salamanders, kann sogar mehrere Dutzend Jahre alt werden. Ein im Jahre 1924 ins Vivarium des renommierten Naturwissenschaftlichen Museums der Stadt Paris gebrachter erwachsener Grottenolm hielt in Gefangenschaft bis 1970 durch.

Olm. Länge: 20 bis 25 cm.

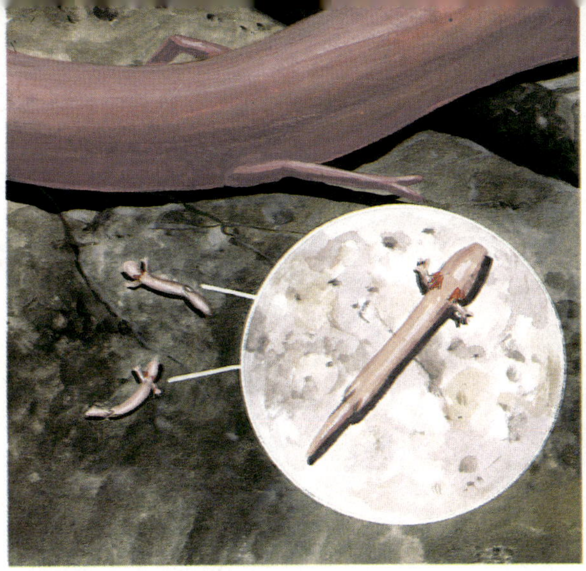

Der Grottenolm verbringt sein Leben in den unterirdischen Seen im Nordwesten Jugoslawiens (Istrien und Dalmatien). Bis zu seinem Tode behält dieser Kiemen. Bei den verwandten Salamandern bilden sich diese Atmungsorgane im Erwachsenenstadium zurück. Der Grottenolm sieht selbst im fortpflanzungsfähigen Alter noch immer wie eine Larve aus. Die Olmweibchen legen etwa 12 Eier, die nacheinander unter die Felsen geschoben werden. In der Regel schlüpfen daraus ein bis zwei Larven. Links: Olmlarven, die beim Ausschlüpfen etwa zwei Zentimeter groß sind. Rechts ein erwachsener Olm mit Kiemen.

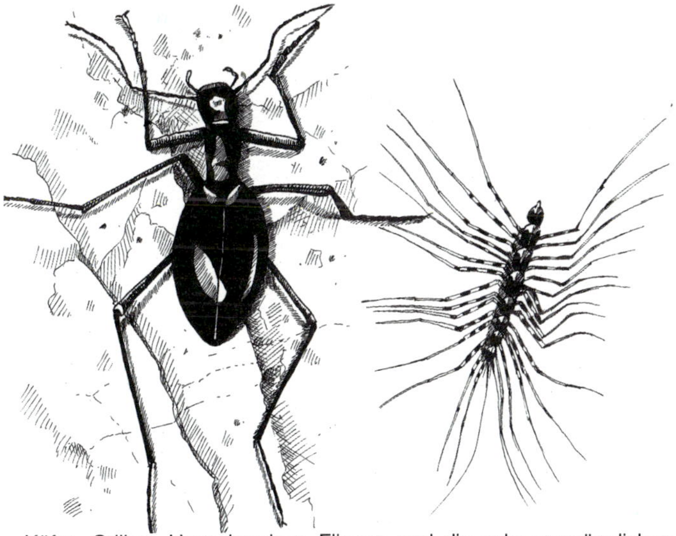

Käfer, Grillen, Heuschrecken, Fliegen und die sehr ursprünglichen Springschwänze gehören zur Gruppe jener Insekten, die sich den Lebensbedingungen der Höhlen angepaßt haben. Zu den Käferartigen zählt auch das oben abgebildete Exemplar, das sich mit seinen langen Gliedmaßen auf den Grottenwänden entlang bewegt. Etliche Höhlenbewohner haben keine Augen.

Selbst in den dunklen Tiefen der Weltmeere leben noch zahlreiche Fischarten. Man kennt allerdings nur wenige Arten, die tief in den Höhlengewässern in völliger Dunkelheit leben. Der oben abgebildete Fisch kommt in Mexiko vor. Auch er besitzt keine Augen. Die einfachsten Fischarten gehören zur gleichen Familie wie die kleinen Vierflosser, die ihrer Körperverzierungen wegen bekannt sind.

Dieser Salamander lebt in den Grotten Nordamerikas. Er entspricht in jeder Hinsicht dem europäischen Olm. Seine Größe liegt bei etwa 10 cm. Eine mit dem Salamander verwandte Amphibienart, gleichfalls Höhlenbewohner, zeichnet sich durch Larven aus, die in den unterirdischen Wasserläufen heranwachsen. Im Erwachsenenstadium begeben sie sich in die unterirdischen Seen.

Diese Fische sind in den Höhlen tropischer Länder entdeckt worden, in Europa kommen sie nicht vor. Mit Hilfe ihrer hochsensiblen Seitenlinie, die auf die leichteste Veränderung des Wasserdrucks reagiert, weichen sie Hindernissen aus und finden problemlos ihre Beute.

Die Wühlmaus

Da sie das Tageslicht scheut, wartet die Wühlmaus auf den Einbruch der Dämmerung, um ihren unterirdischen Bau zu verlassen. Da der Nager den überwiegenden Teil seines Lebens im Dunkeln verbringt, gilt er als Musterbeispiel eines verborgen lebenden Tieres. Lediglich die kleinen Erdhaufen, mit denen manche Wiesen im Gebirge übersät sind, deuten auf seine unermüdliche Wühlarbeit hin. Auf diese Technik versteht sich das oben auf einer Wiesenlandschaft abgebildete Hermelin ganz vorzüglich. Das bewegliche Tier bricht in die nicht allzu tief liegenden Wühlmausgänge ein und setzt dem Nager selbst im unterirdischen Tunnelsystem nach. Zum Wohnbereich einer jeden Wühlmaus gehört neben dem Nest mindestens ein Gang, der im Mittel 40 Meter lang ist. Man findet Wühlmäuse vornehmlich in alpinen Regionen und im Jura.
Die Zahl der Wühlmäuse fällt von Jahr zu Jahr unterschiedlich hoch aus; man kann jedoch davon ausgehen, daß auf einem Hektar Wiesenfläche in aller Regel zwischen 12 und 20 Nager leben. Sind die Fortpflanzungsbedingungen gut, dann kann ihre Bevölkerungszahl auf der gleichen Fläche schon einmal auf bis zu 1000 Tiere ansteigen. Unter diesen Umständen entsteht unter den mit Maulwurfshügeln bedeckten Wiesen ein regelrechtes Labyrinth. Dabei kann es vorkommen, daß die oberirdische Vegetation regelrecht „kahlgefressen" wird. Während die in Freiheit lebenden Wühlmäuse selten älter als zwei Jahre werden, leben Wühlmäuse in Gefangenschaft doppelt so lang. Der Wühlmausnachwuchs kommt im Februar bis März auf die Welt. Die Fortpflanzungszeit beginnt im Sommer und dauert bis in den September hinein. Wenn sie sich in einer dicken Schneeschicht vor Kälte schützen kann und genug Nahrung vorhanden ist, wirft das Wühlmausweibchen bisweilen sogar mitten im Winter. Im Oktober erreicht die Wühlmauspopulation ihren höchsten Wert. In der Folgezeit sterben viele der erwachsenen Tiere. Nur jene Wühlmäuse, die noch vor der Fortpflanzung stehen, leben weiter. Auf diese Weise normalisiert sich der Wühlmausbestand regelmäßig. Wühlmausweibchen werfen pro Jahr zwei- bis viermal je drei bis fünf Junge. Sie sind damit in ihrem Bestand heutzutage nicht gefährdet.

Wühlmaus. Körper: 13 bis 20 cm. Schwanz: 7,5 bis 12 cm.
Gewicht: 60 bis 180 g.

Schnitt durch eine Wühlmausbehausung. Beim Anlegen der Gänge gräbt die Wühlmaus mit ihren Pfoten und nimmt dabei auch ihre großen Zähne zu Hilfe. Ihre Schneidezähne, die durch diese Tätigkeit stark abgenützt werden, wachsen ständig nach (links). Wenn der Nager seinen Gang im Erdreich vorwärtsgetrieben hat, arbeitet er sich an die Oberfläche und stößt das Erdmaterial mit Pfoten und Schnauze nach außen. Dabei schiebt er die Erde seitlich weg. Der Maulwurf stößt das Aushubmaterial senkrecht aus dem Bau. Wühlmaushügel sind viel flacher und in ihrer Struktur unregelmäßiger als Maulwurfshaufen, und ihre Öffnung ist geschlossen.

Die Abbildung zeigt keine Zwergform der Wühlmaus, sondern eine Kurzohrmaus, die wesentlich kleiner und leichter ist (Länge: 7 bis 11 Zentimeter, Schwanzlänge: 8 Zentimeter, Gewicht: 14 bis 13 Gramm). Dieses Lebewesen ist mit seinen ausgesprochen kleinen Augen, dem Schwanz und den kurzen Ohren für eine unterirdische Lebensweise noch besser geeignet als die Wühlmaus.

Als Wurzelfresser hält sich die Wühlmaus vorzugsweise auf den Wiesen und in Obst- und Gemüsegärten auf. Man findet das Tier sowohl auf den ebenen Flächen als auch in der Hügellandschaft bis auf 1200 Meter Höhe. Treten Wühlmäuse in großen Mengen auf, wird dadurch häufig die Vegetation der Wiesen fast völlig kahlgefressen. In den Gärten hält sich die Wühlmaus an gelbe Rüben und rote Bete.

Wenn eine Wühlmaus im Untergrund auf Wurzeln stößt, so beißt sie das Hindernis kurzerhand durch. Wenn sich diese Tiere einen Obstgarten aussuchen, hat der Besitzer nichts mehr zu lachen: Selbst die dicken Wurzeln eines jungen Apfelbaumes durchtrennt das Nagetier. Bläst dann der Wind, so liegt das Ergebnis der unterirdischen Bemühungen auf der Wiese.

Ameisengäste

Die Ameisen leben in ihren unterirdischen Nestern nicht alleine; auch ihre gutgeschützten Verstecke ziehen allerhand geduldete und unerwünschte Gäste an, die von der Nahrung ihrer Wirtstiere fressen. Manche der Eindringlinge fressen etwa die Kadaver toter Ameisen oder greifen sie im schlimmsten Fall gar direkt an und machen sich über deren Eier her. Während einige dieser garstigen Untermieter, wie etwa die Raupe des Bläulings (aus der ein kleiner blaugefärbter Schmetterling schlüpft), nur eine kurze Zeit bei den Ameisen verbringen, bleiben andere Schmarotzer ständig im Nest: Man bekommt sie nie zu Gesicht.
In der Regel dulden Ameisen keine Eindringlinge, die sich bei ihnen niederlassen wollen: Wie die Bienen töten sie unverzüglich jene Tiere, die sich in ihr Nest verirrt haben. Jene Insekten jedoch, die ständig mit den Ameisen leben, bleiben unangetastet. Einige der wohlgelittenen Gäste produzieren nämlich eine zukkerhaltige Ausscheidung, die von den Ameisen sehr geschätzt wird. In den Nestern von 193 in Europa vorkommenden Ameisenarten hat man insgesamt 240 Insektenarten lokalisiert, darunter Spinnen, Asseln und Milben.
Die Käferartigen waren dabei mit 129 Arten am stärksten vertreten. Einige von ihnen treten den Ameisen gegenüber als „Freund" auf und erweisen den Wirtstieren damit einen Dienst. Andere hingegen fügen den Ameisen mehr oder minder großen Schaden zu. Mehrere mit Ameisen zusammenlebende Insekten ahmen bis zu einem gewissen Grad das Aussehen ihrer Wirtstiere nach. Dadurch können sie ungestört mit den Ameisen zusammenleben, Angriffe sind nicht zu befürchten. Der Körper der Ameisengäste ist häufig langgestreckt, platt, braunrötlich gefärbt und mehr oder minder behaart. Die mit langen Fühlern ausgestatteten Fühlerkäfer etwa legen ihre Eier in das Nest der im Mittelmeeraum vorkommenden kleinen und gelblich oder braun gefärbten Knotenameise. Dort wachsen die Fühlerkäfer auch heran. Da sich dieser Käfer niemals ans Tageslicht begibt, hat er auch weder Augen noch Flügel. Die Ausscheidungen der Fühlerkäfer werden von den Ameisen als wahre Leckerbissen hoch geschätzt. Bisweilen widmen sich die Ameisen wesentlich intensiver den Lieferanten der süßen Absonderungen als ihren eigenen Eiern und Larven. Die Sägeblattkäfer-Larven, die ebenfalls mit den Ameisen in Gesellschaft leben, reinigen den Ameisenhaufen. Allerdings machen sie sich bei dieser Gelegenheit auch über die Eier der Ameisen her.

Schuppenspringschwanz. Länge: 4 bis 6 mm.
Fühlerkäfer. Länge: 4,5 mm.
Gelber Keulenkäfer. Länge: 2 bis 2,5 mm.

Der Atemeles gehört zur Gruppe der Traubenkäfer. Als Larve lebt er in einem Ameisennest und wechselt im Erwachsenenstadium ins Nest einer anderen Ameisenart über. Er produziert mit seinen Unterleibsdrüsen eine Ausscheidung, mit der er sich angriffslustige Ameisen vom Leibe hält. Auf der oberen Abbildung macht sich links eine Ameise an einen erwachsenen Atemeles heran. Abbildung Mitte: Die Ameise schleckt die Ausscheidung des Käfers. Rechts: Hier wird der Käfer ins Ameisennest geschafft. Diese in Europa vorkommende Käferart ist annähernd gleich groß wie eine Ameise (3,5 bis 4,5 Millimeter). Ihre Larven fressen die Larven der Wirtstiere auf.

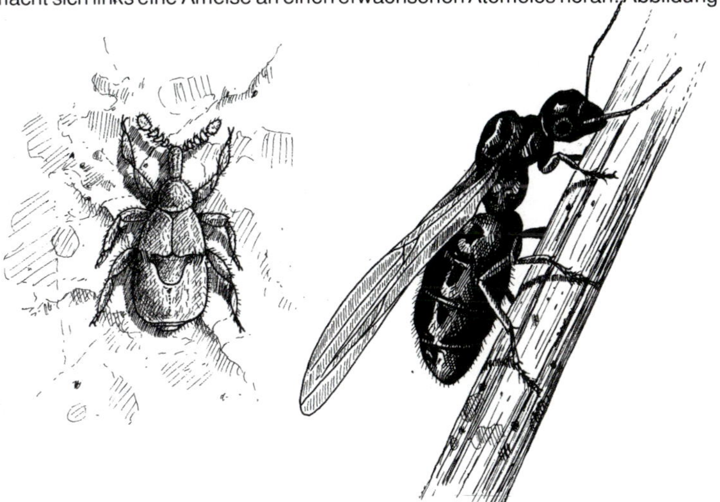

Die in Europa am weitesten verbreitete Ameisenart, die Rote Waldameise, lebt sowohl im Wald als auch in den Gärten und in menschlichen Behausungen, in die sie bisweilen im Frühjahr eindringt. Die Larven des Keulenkäfers (links), der in den Ameisennestern lebt, werden nicht gefressen. Die Ameisen füttern die Larven und erhalten dafür im Gegenzug das zuckerhaltige Sekret des Keulenkäfers.

Die kleinen Silberfischchen leben fast überall in menschlichen Behausungen, auch da, wo wir sie nicht vermuten. Einige Verwandte von ihnen, wie zum Beispiel der Schuppenspringschwanz, leben in Ameisennestern. Dort naschen sie von den Nahrungstropfen, die eine Ameise der anderen gibt. Bei Gefahr zieht sich dieses Silberfischchen sehr schnell zurück. Seine Körperoberfläche ist so glatt, daß man es nur schwer angreifen kann. Manchmal leben mehrere hundert Silberfischchen in einem einzigen Ameisenhaufen. Sie finden dort nicht nur ausreichend Nahrung, sondern auch die von ihnen so geliebte feuchte Wärme.

Dieser Kurzflügelkäfer dringt in den Ameisenhaufen ein, um dort Eier und Larven zu stehlen. Die Ameisen versuchen zwar, den Eindringling zu töten, Erfolg haben sie nicht, da sich der Käfer zur Wehr setzt. Außerdem droht den Ameisen eine Ladung übelriechender Flüssigkeit aus den Drüsen des Bedrängten.

Grashüpfer und Heuschrecken

Die Sonne steht im Zenit. Das Brachland flirrt in der Mittagshitze. Das Feld wirkt völlig ausgestorben, kein Lebewesen, so weit das Auge reicht. Da bringt sich plötzlich eine Heuschrecke in der Nähe des Spaziergängers durch einen gewaltigen Sprung in Sicherheit. Das zirpende Insekt hat seine schönen, blau-schwarz schimmernden Flügel ausgebreitet, springt über einen Meter und verschwindet, gut getarnt, zwischen Kieselsteinen und kärglicher Vegetation. Der Spaziergänger beugt sich vornüber und streckt seine Hand aus. Erneut glänzt das Insekt mit seinen ausgebreiteten Flügeln nochmals durch die gleiche, erstaunliche Flugakrobatik. Die Blauflügelige Ödlandschrecke besitzt einen braungefleckten Körper und ist dadurch hervorragend getarnt, vorausgesetzt, sie bewegt sich nicht. In dieser Stellung sind die Hinterflügel angelegt. Die beiden Vorderflügel sind mit zwei langen und braunen Streifen überzogen und tragen in erheblichem Maße zur Tarnung bei. Die Färbung dieser Heuschreckenart fällt je nach umgebender Landschaft mal etwas heller, mal etwas dunkler aus. Während einige Vertreter fast schwarz sind, weisen andere eine beige Hautfarbe auf. Die Blauflügelige Ödlandschrecke war früher in den Heidelandschaften des Mittelmeerraumes sehr verbreitet. Auch in kalkhaltigen Brachfeldern hält sie sich gerne auf. Seit einigen Jahrzehnten ist ihr Bestand jedoch zurückgegangen.

Zwischen Juli bis Ende Oktober leben die Heuschrecken in Landschaften, deren kärgliche Vegetation kaum vermuten läßt, daß dort dennoch eine reichhaltige Fauna und Flora existiert. Diese Gebiete gelten heutzutage als letzte Rückzugsgebiete für gewisse Arten, die an anderer Stelle keine geeigneten Lebensbedingungen mehr vorfinden.

Die Männchen der Ödlandschrecke erzeugen ihr Zirpen, indem sie ihre hinteren Oberschenkelknochen an den Rippen ihrer engen und starren Vorderflügel reiben. Winzige Knötchen an der Innenseite des Oberschenkels versetzen die Vorderflügel in Schwingungen und erzeugen damit schnarrende Geräusche. Sie gehören zur typischen Geräuschkulisse der Brachlandschaften. Im Sommer bohrt das Weibchen die Spitze seines Unterleibs in den Boden und gräbt mit den zwei dort sitzenden Haken ein Loch, um darin ihre 15 bis 20 Eier abzulegen. Sie sind gelb gefärbt und haben eine Länge von etwa fünf Millimetern. Mit Hilfe einer Schleimschicht haften sie am Boden fest. Bevor das Weibchen die Eiablage verläßt, sorgt sie für die Tarnung der Eier. Die Larven der Ödlandschrecke schlüpfen im darauffolgenden Frühjahr.

Blauflügelige Ödlandschrecke. Länge des Männchens: 15 bis 21 mm. Weibchen: 22 bis 28 mm.
Grünes Heupferd. Länge des Männchens: 28 bis 36 mm. Weibchen: 30 bis 46 mm.

Wenn eine Blauflügelige Ödlandschrecke gestört wird, springt sie mit ihren kräftigen Hinterbeinen (links) flugs davon. Auf diese Weise erreicht sie mühelos eine Flughöhe von 20 bis 30 Zentimeter (Abbildung Mitte). Ein bis zwei Meter weiter läßt sich das Insekt nieder. Es dann zu entdecken, ist nicht leicht: Wer sie beobachten will, muß sich vorsichtig in die Nähe des „Landeplatzes" setzen und ausharren. Obgleich hervorragend getarnt, finden die am Boden laufenden Vögel das Insekt ohne Schwierigkeiten. Vor allem Heide- und Kalanderlerchen, aber auch Pieper und Triele setzen der Ödlandschrecke nach und fangen sie auch in den meisten Fällen. Biologen haben festgestellt, daß Vögel Insekten mit dunkler Färbung andersgefärbten Vertretern vorziehen.

Auf der unteren Abbildung oben erkennt man eine Ödlandschrecke, deren dunkle Farbe ihremLebensraum entspricht. Darunter ein Vertreter der gleichen Art. Er weist eine wesentlich hellere Farbe auf und lebt auf brachliegenden Gebieten mit blaßgrauen Steinen. Die dunklen Streifen seiner zusammengelegten Flügel lassen die Körperumrisse verschwimmen.

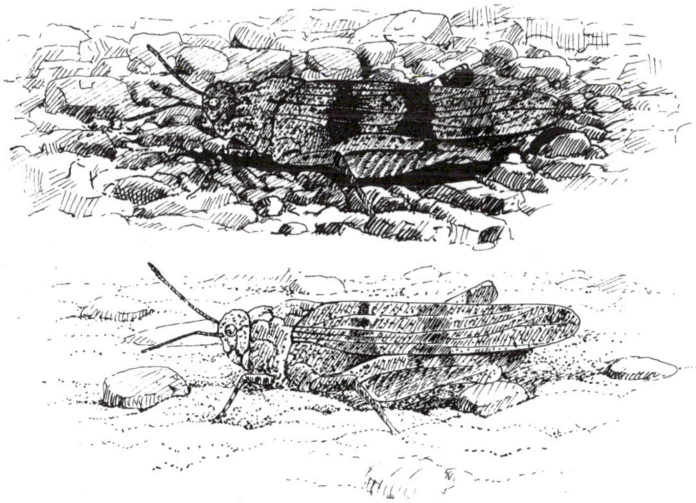

Gut versteckt im Gras oder auf einem Busch sitzend, macht sich das Grüne Heupferd nur durch sein Gezirpe bemerkbar. Dieses Insekt zu finden, ist keine leichte Aufgabe, denn seine Färbung entspricht jener der Blätter. Häufig sieht man das Grüne Heupferd nur auf den Straßen, allerdings in überfahrenem, totem Zustand. Das Grüne Heupferd ist in Europa weitverbreitet.

Dieses Tier ist eine Fangheuschrecke, die mit ihren gefalteten Vorderpfoten, wie die mit ihr verwandte Gottesanbeterin, Insekten auflauert. Ihre Opfer haben nicht die geringste Chance, da die Fangheuschrecke wie die umgebende Vegetation gefärbt ist. Das Männchen wird zwischen 47 und 60 Millimeter lang.

Durchsichtige Lebewesen

Es ist keine leichte Aufgabe, die kleinen und durchsichtigen Fische der Meere im Wasser zu entdecken. Wer genau hinschaut, sieht mit ein bißchen Glück zwei schwarze Augen, eine dunkle Linie, mehr aber beim besten Willen nicht. Überhaupt sieht der Betrachter nur dann etwas, wenn die Tiere in Schwärmen auftreten. Im Falle der jungen Glasaale, die im Dezember bis Januar in den Flüssen flußaufwärts wandern, bietet sich dem Tierfreund diese einzigartige Chance. Wenn die jungen Karpfen schlüpfen, ist ihr höchstens fünf Millimeter großer Körper gleichfalls größtenteils durchsichtig. Lediglich ihre großen Augen und ein dunkler Strich, der den Dottersack (Nahrungsmittelvorrat am Bauch) hervorhebt, sind die einzigen farblich auffallenden Teile. Weitere Fische, die in den europäischen Seen und Teichen leben, besitzen gleichfalls eine ähnlich aussehende Fischbrut. In diesem Zustand sind die Lebewesen, wenn sie nicht durch Bewegungen auffallen, vor Feinden hervorragend geschützt. Ohne diese Tarnung werden sie später zur leichten Beute.
Der durchsichtige Körper ist die naheliegendste Technik der Tarnung. Bei vielen Meeresbewohnern, die zum Plankton gerechnet werden, ist dies ein bewährtes Mittel, Feinden zu entgehen. Zum Plankton werden unter anderem Fischlarven, Schalentiere, Weichtiere und Seeigel gezählt. Bei einigen Arten sind jedoch auch die erwachsenen Tiere transparent. Erinnert sei hier nur an Quallen und Kammkiemer.
Rippenquallen und Venusgürtel zählen zu den Hochseetieren. Badegäste bekommen sie nie zu Gesicht. Nur erfahrene Ozeanologen wissen überhaupt, daß diese Tiere dort vorkommen. Sie ähneln farblosen Kugeln und erreichen manchmal einen Durchmesser von drei Zentimetern. Manche Quallen besitzen Fangarme, mit denen sie andere Planktontiere fangen. Die größten unter ihnen sind die Venusgürtel, die bis zu 1,50 Meter lang und acht Zentimeter breit werden können. In gewissen Fällen bilden Venusgürtel gewaltige Bänke. So hat man in der Adria bereits zehn Kilometer lange und immerhin zehn Meter breite Ansammlungen von Venusgürteln gesichtet. Die meisten Venusgürtelexemplare waren dabei nicht größer als Sardinen.

Bei ruhigem Seegang lohnt es sich, bis zu den Hüften ins Wasser zu gehen und dann innezuhalten. Sogleich wird man junge, zappelnde Fische entdecken. Dabei sieht man lediglich ihre Augen und den Mittelpunkt ihres Körpers. Der durchsichtige Rest entzieht sich dem menschlichen Auge, nicht jedoch dem der Brandseeschwalbe, die an den westlichen Küsten Europas beheimatet ist. Die oben abgebildete Brandseeschwalbe hat eine von jungen Sandaalen bewohnte Bank gesichtet. Aus einer Höhe von fünf bis sechs Metern stürzt sich das Tier herab und taucht halb ins Meerwasser ein (Abbildung Mitte). Dann packt sie mit dem Schnabel die Fischbrut und bringt sie den Jungvögeln (rechts).

Larven einer Qualle und einer Krabbe. Die Krabbenlarve besitzt zwei dunkle Augen, die gewiß die Suche nach ihr erleichtern würden, wäre sie nicht so winzig klein. Sie mißt nämlich nur 1,5 Millimeter. Bevor das Tier wie eine Krabbe aussieht, durchläuft es mehrere Entwicklungsstadien. Die Quallenlarve ist blind.

Einige Fische bleiben ihr Leben lang durchsichtig. Diese abgebildeten Fische gleichen Röntgen-Aufnahmen. Durch ihre Haut hindurch kann man die inneren Organe, Wirbel und Schwimmblase wahrnehmen. Diese Tiere leben an den Küsten des Indischen und des Pazifischen Ozeans. Auch diese unten abgebildete asiatische Welsart ist durchsichtig.

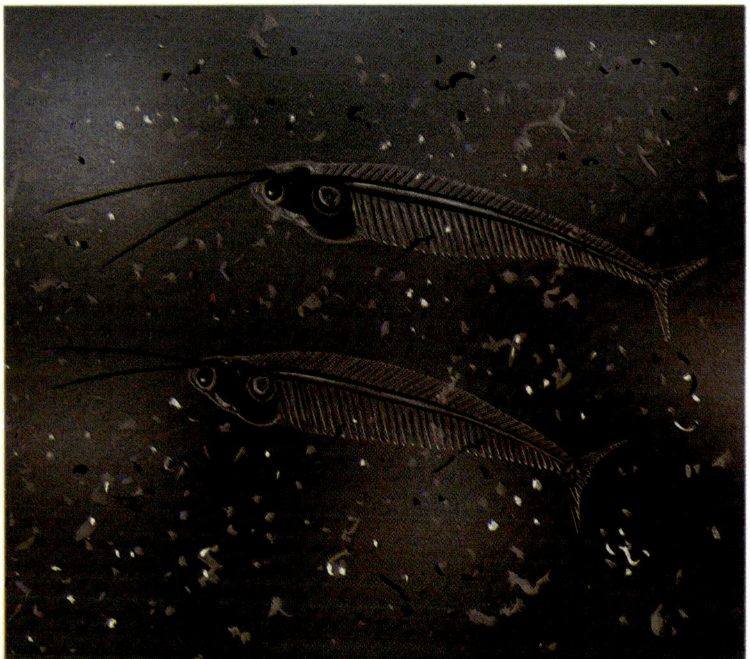

Die Wasserhydra ist zwischen 10 und 20 Millimeter lang. Von ihrem Bauplan her ist sie genaugenommen nichts anderes als ein mit Fangarmen bewehrter Schlauch. Die im Süßwasser lebende Hydra bewegt sich auf der Unterwasservegetation fort, indem sie sich zusammenzieht und purzelbaumähnliche Bewegungen ausführt. Sie ernährt sich vornehmlich von Wasserflöhen.

Nachtaktive Vögel

Zwar hat dieser mysteriöse Vogel Ähnlichkeit mit dem Ziegenmelker, es handelt sich beim Fettschwalm jedoch um ein ganz besonderes Tier: Er lebt ausschließlich in geräumigen Höhlen, die er nur nachts zur Futtersuche verläßt. Tagsüber bleibt er in der Höhle, wo er auch seinen Nistplatz baut. Sonnenlicht sieht dieses Tier nie. Mit seinem gebogenen Schnabel frißt der Fettschwalm vorzugsweise die Palmbaumfrüchte, die er im Vorbeifliegen packt. Durch seinen Aufenthaltsort und seine Lebensweise gehört der Fettschwalm zu den bestgetarnten Tieren. Der Fettschwalm orientiert sich in den dunklen Gängen mit Hilfe seines Gehörs. Dabei stößt er zunächst blitzschnell eine Reihe durchdringender Schreie aus (vier in einer sechzigstel Sekunde). Die von ihm ausgesandten Schallsignale werden zurückgeworfen, und so erkennt der Vogel seinen Standort.

Mit dieser, Echolotung genannten, Technik findet sich der Fettschwalm in seinem unterirdischen Reich wie die Fledermaus hervorragend zurecht. Im Vergleich zu den Fledermäusen ist diese Fähigkeit beim Fettschwalm allerdings nicht so hoch entwickelt: Der Vogel kann damit lediglich den Zusammenstoß mit Felsen oder Artgenossen vermeiden, die Fledermaus schafft sich hingegen regelrecht räumliche Bilder („Bildhören"). Wenn der Vogel nachts im Freien fliegt, verläßt er sich auf seine Augen, steuert Palmbäume an und nimmt die begehrten Früchte erst in unmittelbarer Nähe durch den ausströmenden Geruch wahr. Er lebt in Südamerika und auf Trinidad an der Nordostküste des Kontinents. Er wurde jedoch auch auf Surinam, in Venezuela, Kolumbien, Ecuador und Peru beobachtet. Seinen spanischen Namen „guacharo" (der Klagende) verdankt das Tier den Brummlauten, die es in den Höhlen ausstößt. Wenn mehrere Dutzend Fettschwalme zusammentreffen und ein Konzert veranstalten, wird der Lärm manchmal unerträglich.

Das Weibchen legt zwischen März und Juli zwei bis vier Eier. Der Nistplatz besteht aus halbverdauten Früchtestückchen aus dem Vogelmagen, die auf einem Felsvorsprung zu einer Art Nest zusammengeklebt werden. Nachdem sie ausgeschlüpft sind, wiegen die Jungvögel etwa 14 Gramm, 70 Tage später sind sie bereits 650 Gramm schwer, verlieren jedoch anschließend wieder an Gewicht und erreichen dann 320 Gramm. Erst wenn der Nachwuchs drei bis vier Monate alt ist, verläßt er das Nest.

Fettschwalm. Länge: 35 cm. Gewicht: 350 g. Spannweite: 90 cm.
Rauhfußkauz. Länge: 25 cm. Gewicht: 130 bis 165 g. Spannweite: 60 cm. Lebensdauer: 8 Jahre (in Freiheit).
Kleines Sumpfhuhn. Länge: 18 bis 20 cm. Gewicht: 36 bis 70 g. Spannweite: 30 cm.
Nachtigall. Länge: 16 cm. Gewicht: 18 bis 27 g. Spannweite: 24 cm. Lebensdauer: 6 Jahre (in Freiheit).

Bei Einbruch der Nacht verlassen die Fettschwalme ihren unterirdischen Aufenthaltsort (links), um sich auf Nahrungssuche zu begeben. Mit Hilfe ihres Schnabels holen sie sich im Vorbeiflug die Früchte des Palmbaumes. Von Zeit zu Zeit unterbrechen sie ihre Mahlzeit, um sich auf einem Zweig niederzulassen. Fettschwalme fressen lediglich Fruchtfleisch und Schale. Die Körner werden mit dem Kot ausgeschieden. Während der Aufzucht der Jungvögel bringen die Altvögel in einer Nacht bis zu fünfmal Futter ins Nest. Man weiß noch recht wenig über die Lebensgewohnheiten dieses Vogels, der vornehmlich in Berggrotten lebt und seinen Aufenthaltsort nur nachts verläßt.

Gut verborgen sitzt dieser Rauhfußkauz in einer verlassenen Spechthöhle. Nachts verläßt der Vogel sein Refugium, um Sperlingsvögel und Kleinsäuger zu jagen. Der vorwiegend in Bergregionen vorkommende Vogel lebt in den Wäldern Norddeutschlands. Während der Rauhfußkauz nur in der Dunkelheit jagt, trifft man andere Kauz- und Eulenarten auch tagsüber an.

Die Nachtigall gehört zu jenen Vögeln, die den Menschen sowohl tagsüber als auch nachts mit ihrem Gesang erfreuen. Sie verläßt nur selten das Buschwerk und das dichte Unterholz, wo der Vogel dank seines unauffälligen Gefieders gut getarnt ist. Das Weibchen besitzt im Gegensatz zum Männchen ein noch blasseres Gefieder und ist noch besser getarnt. Nachtigallenweibchen singen nicht.

Die Teichhuhnarten gehören in der Tierwelt fraglos zu den unbekanntesten Vögeln, da sie den Mini-Dschungel am Teich- oder Sumpfrand praktisch nie verlassen. Morgens und abends suchen sie auf den kleinen Schlickflächen in Wassernähe ihr Futter. Während der übrigen Tageszeit halten sich die mit der Wasserralle verwandten Vögel zwischen Schilfrohren, Riedgras (Segge) und Rohrkolben auf. Durch ihren kleinen Wuchs und ihr dunkelgefärbtes Gefieder fallen sie so gut wie nicht auf. Das kleine Sumpfhuhn (Abbildung unten) zählt zu den mittelgroßen Arten.

Täuschen und Tarnen im Tierreich

Auf unserer Erde gibt es rund 2 Millionen Tierarten, die auf völlig unterschiedliche Weise leben. Für den Menschen ist es nahezu unvorstellbar, welche Möglichkeiten die Tiere nutzen, um sich zu tarnen oder andere Tiere zu täuschen – und das alles zu ihrem eigenen Schutz.

So gibt es zum Beispiel den Brachvogel, der in der Lage ist, sich so zu tarnen, daß es auch für einen Menschen nur durch größten Zufall möglich ist, ihn zu entdecken. Es sind eigentlich nur seine Augen, die ihn verraten können.

Fast unüberschaubar sind die verschiedensten Tarnungsformen bei den Insekten. Da gibt es solche, die auf den ersten Blick wie Blätter oder Zweige aussehen. Manche Falter sind selbst von Baumrinden nicht zu unterscheiden. Wieder andere Tiere sind in der Lage, Aussehen und Verhalten angriffslustiger Tiere nachzuahmen, um Feinde abzuschrecken.

Aber es gibt auch Tiere, die im Körper anderer Tiere wohnen. Sie treten als schädliche Parasiten auf oder als harmlose und nützliche Bewohner in Form von Bakterien. Sie sind für das menschliche Auge kaum sichtbar.

Wieder andere Tiere leben im völligen Dunkel von Höhlen in Gesteinsspalten. Es gibt aber auch Tiere, die so durchsichtig sind, daß sie für ihre natürlichen Feinde nicht zu erkennen sind.